相田崇晴
Takaharu Sugita

子どもたちが笑顔になる

「驚き！」の学級づくり

東洋館出版社

はじめに ～学級づくりを大切にする～

最近、「学級づくりで悩んでいる」という声をよく聞くようになりました。授業づくりについては様々な研究会が行われ、本もたくさん出版されています。しかし、学級づくりに関しては、朝の会・帰りの会などのように、その一部を取り上げたハウツー本を見ることはあっても、体系的にまとめた書籍はあまり見ることはありません。そのため、悩みがあっても頼るものがほとんどなく、結局解決できないままに進んでいくのが現実です。

学級づくりを体系的にまとめた書籍が少ない理由は、教科の研究に対して、学級づくりの場合は過程が目に見えにくいからです。学級づくりというものは、子どもたちの生の生活を対象にしているため、その過程で、いわゆる定石的で明確なやり方を示すことができないのです。そのため、担任は、様々な子どもたちと出会い、共に活動し、多くの成功体験と失敗体験を繰り返しながら、自分なりのハウツーを身につけていかざるを得ません。

ある程度、経験を積んだ教師なら、目の前に生じた課題にどう取り組めばよいか、自分の経験の中から見つけ出すことも可能でしょう。しかし、経験の浅い教師となると、そういうわけにはいきません。子どもや保護者の価値観が多岐にわたるようになり、自己中心的な思考がまかりとおり、「説明責任」が厳しく求められる現在では、教師は小さな失敗が大きな亀裂となるリスクを常に抱えていると言っても過言ではありません。そうなると、「学級づくりはほどほどにしておいて、成果も現れやすく、保護者も関心をもっている教科の研究に力を入れよう」となるのも仕方のないことかもしれません。

しかし、そうはいっても、「学級づくりはすべての教育活動の基盤となる大切なものである」という認識は誰もがもっているはずです。学級づくりが授業づくりの基盤でもあることは明白です。

では、なぜ学級づくりを大切にしなければならないのでしょうか。私は、次の六つの理由があるととらえていました。

1　人間関係上に起こる問題を解決するため

私たちは、日常生活の中の様々な場面で「問題解決」を行っています。学習の時間では「学習問題を解決する」というのは当たり前ですし、生活場面でも「人間関係上に起こる問題を解決」しながら日常生活を送っています。この「問題解決」の場で最も大切なのが「人間関係」であることは、疑う余地はありません。「望ましい人間関係」が成立していれば、問題解決をスムーズに行うための「安心して生活できる場」をつくり出すことができます。子どもたちには、そういう安心して生活できる場が必要なのです。子どもたちが安心して生活できる場をつくることができるという意味で、学級づくりは教育活動の基盤になっていると言えるのです。

2　日本の教育は全人教育を目指しているため

日本の教育は、二つの課題を達成するという目的で行われています。一つは、教科学習を通して知識や技能の習得を目指す「教育課題」の達成で、もう一つは、学級生活を通して人格を形成する「発達課題」の達成です。

これらは、教育基本法に謳われている「人格の完成を目指す」ということの意味でもあります。日本の学校教育は、学習だけでなく、係などの役割活動や対人関係の体験学習を系統的に行うことも求めているのです。知識だけでなく心も育てるということです。日本の小学校では、教科の学習を通して行う教育だけでなく、係活動や集会活動、清掃時間、給食時間の指導などの学級生活を通した教育があります。また、クラブ活動や委員会活動、修学旅行や運動会などの学校行事などの学校生活を通して行う教育もあります。これは、まさしく日本の教育が「全人教育」を目指していることを意味しているのです。ところが、世の中は、どちらかと言えば「教育課題」の達成に片寄りつつあります。それは、先に述べた取組の過程が見えやすいという理由からです。それが、学級づくりを難しくしている原因の一つです。「全人教育」を目指すためにも、学級づくりは大切なのです。

3　学力の向上には良好な人間関係が必要であるため

子どもたちの学力が向上するためには、子どもたち一人ひとりの学習意欲が喚起され、その意欲が維持されていくことが大切です。それは、どのような場面で起こってくるのでしょうか？　学級という集団活動の場では、集団に所属する一人ひとりの人間関係が良好でないと、「友達とうまくやれない」「いつもけんかが絶えない」など人間関係上のいざこざが起こり、子どもたちは落ち着いて学習に向かうことはできません。

学級内の人間関係が良好な場合は、お互いが助け合うということが当たり前の雰囲気として共有されています。それらを通して、「学級集団が子どもたち一人ひとりの居場所」

となり、子どもたちは、学級で生活する中で相互に学び合って「社会性」を身につけていくのです。同時に「自己の確立」も促されていきます。

そのような活動を通して、教育力のある学級集団が育っていきます。それは学級が「良好な学習環境」となっていくことを示しています。そこでは、子どもたちがみんなとよい状況でかかわり合えるので学習意欲が喚起されます。子どもたち同士の認め合いがあるので、学習意欲も維持されます。そして、友達のよいモデルが共有されることになります。その中で、主体的な学習習慣が形成され、学習活動に広がりと深まりが起こり、学習が定着するのです。よりよい学級づくりが行われた集団では、学力も自ずと向上していくでしょう。このように考えると、学級づくりが学力の向上に大きく関与していることがわかります。

4　子どもたちの本来の姿を取り戻すため

「近頃の子どもたちは変わってきたね」という言葉をよく聞きます。それは、「みんなとかかわろうとしないで、好きなことだけをやる」「特別視されることを嫌う」「自分が一番大事だと思う」ということではないでしょうか。ここには、「自己中心的な考え」があるのはもちろんですが、「集団とかかわることを嫌う」「自分が傷つくことを怖がっている」というような子どもたちが存在していることも見えてきます。「子どもたちは昔より扱いにくくなったな」と思われるでしょう。

しかし、逆に「変わらない子どもたち」の姿を見ることもできます。「競争することが好き」「褒められると喜ぶ」「友達と一緒に何かをしたがる」「遊びが好き」「少しくらいの抵抗なら好んでやろうとする」「好きなこと・得意なことには没頭する」などです。

このような姿は、いわば子ども本来の姿ではないでしょうか。小さい頃から一人で遊ぶという環境の中で、その方法だけを学んできた子どもたちは、本当は誰かと一緒にやりたいけど「友達とかかわる方法」を知らないし、そのことを学ぶ術も知らないのです。そのために、子どもたちは一人でいるようになったのだと思います。このことを打破するためには、「他人とかかわることの楽しさ」「集団で取り組むことのよさ」を意図的に味わわせていく必要があるのです。集団としての学級づくりが必要になってくる理由がここにあります。

5　社会の変化に対応した個と集団の成長を目指すため

一昔前までは「地域共同体」というものが存在していました。その頃の子どもたちは、地域共同体の中で育てられ、自然のうちに「社会性」を身につけていきました。地域社会で、いろいろなことを学んでいったのです。この時代には、多くの保護者が「学校」や「先生」に対しては「権威」を感じていたので、「先生の言うことには従うもの」ということが暗黙の了解でした。

しかし、「地域共同体」が失われはじめ、社会性を育てる場が学校に求められるようになると同時に、教育に対して厳しい目が向けられるようになってきました。また、見せかけの多様性を個性とする誤った個性のとらえ方が、教育を間違った方向に進めていったように思います。個性を重視するあまり、集団の教育を軽んじてしまったのです。「個か集団か?」というように、一方に力を注ぐのではなく、「個も集団も」というように、両方のバランスをとりながら教育を行っていかなければならないことが忘れ去られてしまったのです。

このような社会の変化に対応するためにも、個と集団の成長を大切にする学級づくりに取り組まなければならないと考えられます。

6　学級づくりの実践上の課題を解決するため

学級づくりの中核的な役割を担い、カリキュラム的に取り扱えるのは、「学級活動」の時間です。そこには二つの課題が考えられます。

一つは、学級活動の指導に関する課題で、目的や根拠や見通しが吟味されないまま行われる実践が増えました。「とりあえず集会でもやっておこう」という考えです。学級づくりの基盤となる学級活動の指導が丁寧に行われてこなかったのです。このような実践が、中央教育審議会答申（平成二〇年一月）で「特別活動の充実は学校生活の満足度や楽しさと深くかかわっているが、他方、それらが子どもたちの資質や能力の育成に十分つながっていない状況も指摘されている」ということにつながっていると考えられます。

もう一つは、教科指導とのかかわりから出てきた課題です。「教師は授業で勝負する」という考えがあります。子どもが最も長い時間かかわるのは授業である、というのがその根拠となる考えです。ところが、調べてみると子どもたちが学校で授業を受けている時間と変わらないくらい多くの時間を、授業以外の時間として過ごしていることがわかります。「授業で勝負する」という考えの裏側には、この多くの時間に何もしないということにつながる可能性があるのです。これこそもったいない時間の使い方です。

楽しいことを第一に考え、楽しくないことにはそっぽを向く子どもたちが増えてきました。子どもたちの判断基準が「善・悪」から「快・不快」に変わったと言われています。勉強という苦しいことを我慢してやることより、ゲームのような楽しいことが身の回りにたくさんあって、教師の言うことは聞いたふりをしておけば済むと考えるようになったのです。子どもたちは、自己中心的になり、好きなことを優先するようになり、我慢強さがなくなってきました。このように「授業だけで勝負しにくくなった」今、授業以外の時間をどのように活用するかが重要になってきていると考えられるのです。

このような実践上の課題をクリアするには、きちんと学級づくりに取り組んでいかないと、子どもを育てられなくなったとも言えるようになったのです。

＊

学級づくりが大切にされなければならないことはわかっていながら、学力向上に血眼になって、学級づくりがないがしろにされている現場では、子どもたちの人間関係形成力はますます弱くなっていくと考えられます。

ではどうすれば、よい学級づくりができるのでしょうか？

先に述べたように、学級づくりに関して体系的にまとめた書籍はなかなか見ることがありません。しかし、学級づくりに悩みを抱えている多くの先生方からすると、そんなことは問題ではありません。とにかく、何らかの手立てがほしいと思っています。以前の私も、わらにもすがる気持ちで学級づくりの提案などを聞きに行ったことがありました。ところが、話を聞き終わった後に感じたのは、「あの先生だからできるんだよな」という半ば諦めかけた思いだったのです。

しかし、何かできることはないかと思い、真似できそうなことからはじめてみました。それを繰り返しているうちに、学級づくりの名人と言われている人の実践には共通するものがあるのではないかと考えるようになりました。そう考えながら実践を繰り返しているうちに、「学級づくりには、その根底となる考え方がある」という思いにたどり着いたのです。そこで、二〇年以上に渡って取り組んできた学級づくりの実践を整理したところ、『一〇個のポイント』があることがわかりました。それは、自分が学級づくりをする際、いつも中核に据えて取り組んできた特別活動そのものではないかと思っています。

今、子どもたちの人間関係形成力が弱まり、それに伴って、「いじめ」をはじめとした様々な問題が学級で起こっています。今こそ、それらを何とかしなければ手遅れになってしまいます。学級づくりについては、子どもの実態、子どもと教師の信頼関係、学校の現状など様々なことに左右されるため、明確な方法を示すことができません。学校は社会の縮図であることを考えると、子どもを取り巻く現状は、ますます複雑になっていきます。

それに対応するためにはハウツーに頼り続けるだけではいけません。それらの元となる考え方を身につける必要があるのです。私がまとめた一〇個のポイントというものは、学級づくりを行う際に元になるものだと考えています。それぞれのポイントに、私がやってきた実践をできるだけ多く紹介するようにしましたが、ここにあげた取組をそのまま真似ても、うまくいくものとうまくいかないものがあるでしょう。大切なことは、先生方一人ひとりが多くの引き出しをもち、自分だったらどういう取組を行うのかを考えながら、その中に多くの実践を入れていってほしいのです。そして、今の子どもたちとの関係や子どもたちの実態に応じていろいろな実践に変化させられる柔軟性をもって取り組んでほしいと思っています。

平成二五年三月　　　椙田　崇晴

もくじ

第　1　章

意識する

教育とは、人が人を教え育てるという尊い行為です。思いつきやその場の雰囲気で進められるものではありません。意図的・計画的に行われなければならないのです。これは学級づくりにも同じことが言えることで、何気なくクラスはできあがっていくものではありません。『学級は創られる』ものなのです。

そのためには、学級づくりを行う際に意識しておかなければならないことがあります。一つ目のポイントは「意識する」という視点から、学級づくりについてまとめてみます。

学級目標を意識する

学級目標とは、子どもたちが一年間で目指していくものです。「学級づくりのゴール」とも言えます。子どもたちが集団として一つの方向に向かっていくためには、目指すゴールが明確になっている必要があるということです。

そのため、私は、まず「学級目標づくり」を大事にしたいと思って取り組んできました。学級目標を意識するということは、「子どもたちの思いや願いを大事にして、目指すものを共有化する」ことにつながります。このことは、子どもたちの主体的な活動づくりの基盤ともなる大事なことです。

そこで、まず、私が取り組んできた「学級目標づくり」について紹介します。

【学級目標づくりの手順】

学級目標づくりは、次の三つの手順で進めます。

①
新しい学級に対する願いや夢を集める（集約）

▼

②
子どもの願いや夢をまとめる（収束）

▼

③
願いや夢をイメージ化し、学級目標をつくる（創造）

②の収束の段階で学級目標をつくることもできます。その場合、「いつも元気な子・友

達に優しい子…」というような子ども像型の学級目標になります。ここまでは、よく見るパターンですが、私は、③の「創造」の段階の学級目標をつくることが大切だと考えています。この段階の学級目標としては、次ページのような型があげられます。

③の「創造」段階まで考えて学級目標をつくったほうがよいと考える理由は、この表現が、まさに学級独自のものになるからです。それは同時に、子どもたちの思いが生きた個性的なものでもあるということです。学級会を通してこのような学級目標をつくることで、子どもたちに「自分たちの学級目標」という強い思いを育てることができるのです。

では、具体的に魅力あふれる学級目標の条件とはどのようなものでしょうか。私は、次の五つだと考えています。

ア　夢のある言葉で表現されている。
イ　子どもの思いや願いが取り入れられている。
ウ　学級の独自性が現れている。
エ　学級の目指す方向性が示されている。

スローガン型学級目標

「みんなでかこう頭の汗、心の汗、体の汗」「より高く、より深く」「ファイト一発！ 6年2組」「ちからいっぱい」「あきらめないぞ!強い心」「元気にかがやけ4年オールスターズ」「みんなでひとつの輪になろう」「げんきいっぱい　やさしさいっぱい　ともだちいっぱい」など。

イメージ型学級目標

「めざせ!日本一のカレーライス」「ゆっくり歩こうありんこ学級」「笑顔あふれる太陽学級」「ぼくらはすてきな宝石箱」「ちからいっぱい!30人の仲間たち」「27人27色」「やるき　げんき　ほんき」など。

語呂合わせ型学級目標

「たのしく、ぬくもりと、きびしさのあるたぬき学級」「一笑健明 〜ひとつのことに向かって、いつも笑顔で、健康第一、明るくがんばろう〜」「三つのユー　〜いつも友達を大切に、優しい気持ちで、勇気をもってチャレンジしよう〜」「スマイル学級　〜すてきな笑顔　まっすぐな心　一緒う懸命　ルールを守る」「さわのび学級　〜さわやかで　のびのびしている学級」など。

オ　学級の諸活動に生かすことができる。

③の「創造」の段階まで考えた学級目標は、ア～エまでをクリアしていると言えます。オの「学級の諸活動に学級目標を生かすこと」については、6章で後述します。

このように、学級目標づくりを意識すると、教師としては、子どもたちの意見を生かしながら学級づくりに取り組もうという思いが強くなります。また、子どもたちにも「自分たちが目指す学級目標」という意識を強くもたせることができるのです。

この学級目標づくりで間違ってはいけないことは、どのような学級目標をつくるかが目標になってはいけないということです。大切なことは、その過程において、子どもたちが「自分たちのクラスは、どんなクラスでいたいか」「どんなクラスになってほしいか」「どんな友達関係をつくりたいか」など、自分たちの目標とするクラス像をしっかりと話し合うことです。このような話合いを行うことが学級での人間関係をよくすることにつながっていくのです。

集団の成長過程を意識する

集団は成長していくものです。そのため、個々の学級の集団としてのまとまりや実践力、人間関係などの状況や学期ごとの学級集団の育成の状況などを踏まえて、各学年段階において取り上げる指導内容の重点化を図るようにします。そのことによって、学期ごとの指導の重点やテーマなどを見定めるようにします。

【一学期：仲間意識を育て、学級の雰囲気をつくる】

一学期、クラス替えを経て、新しい仲間と出会った子どもたちは、新しい学級での自分の居場所を懸命に探そうとします。クラス替えがない学級でも、子どもたちは何らかの形でリセットして新学期を迎えます。

一学期では、そういう子ども一人ひとりが、「この学級っていいなぁ」と思える雰囲気をつくり上げることに重点を置きます。そのために、「この学級には楽しいことがたくさんあるぞ」「自分にも何かできそうだ」という仕掛けを行っていくのです。この雰囲気づくりが、子どもたちの安心感につながっていき、さらに友達とのつながりを大事にしようとする子どもたちを育てることになるのです。

そのためにに、まず学期のはじめには、教師から「楽しいこと」をどんどん仕掛けていきます。その際、必要となる条件は、「友達とかかわることができるもの」です。また、係活動も行って、「楽しい活動」のつくり方を教えていきます。「楽しいこと」を繰り返し仕掛けていくうちに、子どもの中から「僕も（私）もやってみたいな（やってみようかな）」と言う子どもが出てきます。その声を聞き逃さないようにします。そして、活動をまかせていくのです。

【二学期：一人ひとりに居場所をつくる】

学級の雰囲気ができあがったら、次は一人ひとりの居場所をつくるようにします。そのために、子どもたちのよさを生かした取組に力を入れていきます。この時、大切なことは、特に目立たない子どもにスポットライトを当てることを意図的に行っていくことです。目立たない子どもというのは、これまでに脚光を浴びるような経験がないことが多く、自分に自信がもてないことが多いのです。そのため、学級の中に自分の居場所をつくれないでいるのです。そういう子どもに居場所をつくることで、その子の自信にもつながり、他の子どもたちの見る目を変えることにもつながるのです。

【三学期：お互いの認め合いを充実させ、学級の文化をつくる】

学級の文化というものは、子どもたちにより創り上げられた学級固有の成果と言えるものです。具体的には次のようなものだと考えています。

①困っている友達がいたら、誰かが助けてくれる。
②全体に対して、やりたいことをやろうと言える。
③学級の問題をみんなで話し合って解決できる。
④何かをやろうと言う友達がいると、それに応える（指示する）人がいる。
⑤楽しい活動があり、それを行うことで学級がよりよくなっていく。

このような学級の文化は、一朝一夕でできるものではありません。それまでの取組が結実しないとできないのです。そのために、お互いのよさをそれぞれが認め合うことをさらに充実させていく必要があるのです。その中で仲間意識を強め、学級の文化を創り出していくことにつなぐことが大切です。

子どもの育ちを意識する

「子どもは生きている」ということを考えると、その育ちというものを無視することはできません。子どもたちは常に成長していることを意識しなければいけないのです。この子どもの育ちを意識することが、子どもたちの思いや願いを生かした学級づくりにつながっていくのです。私は、次の三点に気をつけることによって、子どもたちの育ちを意識するようにしました。

［時間の許す限り子どもたちと会話すること］

休み時間や給食時間など、時間の許す限り、子どもと一緒に過ごします。そしていろいろな会話をします。何気ない日常会話からはじまり、興味があることや学習のことなどを話すようにしました。このような会話を通して、子どもたちの育ちを見取ることができます。

［「心のメモ（日記）」を使って子どもたちの「思い」をつかむようにすること］

「心のメモ」というのは、一九八九年に考案したもので、一日の出来事から自分が一番心に感じたことを綴る日記です。次頁の下図のようなもので、大きさはA5サイズです。

私が教師になりたての頃、家庭学習で日記の宿題を出すと、その日にあったことだけをダラダラと書き綴ってくる子どもがほとんどでした。「もっと思ったことや感じたことを綴ってほしい」という思いから『心のメモ』と命名しました。

子どもたちは、この「心のメモ」に一日を振り返っていろいろなことを書いてきます。

それを毎日読むことで、子どもたちの変化を読み取ることができ、「思い」をつかむことができるようになります。

[子どもたちの活動そのものから思いの変化を読み取るようにすること]

子どもたちの育ちを如実に感じることができるのは、子どもたちの活動です。係活動や当番活動、話合い活動や学習活動の様子などを見ることで、どのように成長しているかを見取ることができます。

そして、得ることができた子どもたちの実態をノートに記録していきます。このことによって、子どもたちの育ちをリアルタイムに

さわのび　心のメモ

月　日　曜日　名前

とらえることが可能になるのです。

教師の影響力を意識する

子どもたちにとって、教師の影響力は絶大です。教師が「快」と感じていることは、必ず学級の中に「快」として広がっていきます。時には教師の一言が決定事項になってしまう場合もあるのです。

昔、学級会をやっていた時のことです。子どもたちが話合いを通して、ある結論に辿り着きました。私は、その話合いの様子を見ていて、どうしても納得がいかなかったので、結論が出された後に「ちょっと待って！」と言ったことがあります。この時、子どもたちは素直に私の意見に賛成してくれたのですが、よく考えてみると、子どもたちの中には「今まで自分たちが話し合ったことは何だったのだろう？」という未消化の部分が残ってしまったようです。

結局、その時に話し合って決めた学級集会が大失敗に終わったのですが、その原因は私にあったのです。このことから、「学級会などで、どのように教師がかかわるかを慎重に判断する」ことがいかに大事なものかを考えるようになりました。

また、このことは「褒める」ことや「叱る」ことにもつながります。教師が褒めるということは、その行為に価値があると認めたことになります。また叱るということは、教師が望んでいないことであることを示すことになります。これらは、子どもたちの行動の判断基準になってしまうものですから、教師が、その時の気分で「褒めたり、叱ったり」しないようにすることが大切です。

もう一つ、教師の影響力の怖さの例を紹介します。それは、『一つの方法に固執する』ことです。私たち教師は、いろいろな実践書を読んだ

一つの方法に
固執しない
その時の気分で
「褒めたり、
叱ったり」しない

り、人の実践を聞いたりする中で、自分の学級づくりに取り入れたい方法を学びます。その中に、「目の前の子どもたちにぴったりだ」と思う実践に出合うと、そのやり方を取り入れます。そこまではよいのですが、問題はその後です。そのやり方に固執し、四六時中取り組んでいくと、子どもたちの中に、『そのやり方が絶対だ』という考えが根付く恐れがあります。そうなると、なかなか次の取組に進めにくくなります。どんな取組であっても、どの程度取り組むかというバランスが大切なのです。

子どもたちに対する教師の影響力は絶大なものがあります。私たちは、「教師であるという自覚を忘れない」ことが大事なのです。

第 2 章

楽しむ

子どもたちは楽しいことが大好きです。楽しさは間違いなく様々な意欲を高めることにつながります。このことを学級づくりに生かすことは欠かせません。楽しいことを増やすことで、学級は多くの子どもたちにとって居心地のよい場所になっていきます。学級づくりのスタート時にはこのことが特に大切です。

ここでいう「楽しさ」とは、短絡的なものではいけません。学級がよりよくなることを目指して感じる楽しさです。ですから、活動を通して、子どもたちを育てていくことができるものでなければいけません。

学級のいろいろな活動を楽しむ

学級には様々な活動があります。その中で、最もオーソドックスなものとして、係活動と当番活動があげられます。まず、これらの活動を楽しいものにしていくことからスタートします。そこから、子どもたちを育てる方向に動かしていくのです。

係活動を楽しむ

子どもたちの自主的な力を育て、学級をより楽しく、よりよくしていく役割を果たすのが係活動です。この係活動が楽しくなると子どもたちの活動意欲も高まります。ここでは、学級生活を豊かにするための係活動をつくる六つの条件を紹介します。

学級生活を豊かにする係活動の六つの条件

《条件１》　自分のよさ（得意技）を生かす。
《条件２》　イベント活動を仕掛ける。
《条件３》　広報活動に取り組ませる。
《条件４》　ネーミングを工夫する。
《条件５》　人数制限をしない。
《条件６》　教師の願いを係活動に。

続いて、これら六つの条件について詳しく説明していきます。

条件1：自分のよさ（得意技）を生かす

係活動をつくる際に、よく見られるのが、次の二つです。

○前年度にあった係をそのまま使う。
○教師が係を決める。

前年度の係を子どもたちに聞いて決めるということは、子どもたちの経験を生かすという意味ではよいことですが、前年度の係活動における振り返りをきちんと行った上で取り組まないと、形式的に引き継ぐだけになってしまうので注意しましょう。

教師が係を決めるというのは、多くの場合、教師が必要だと思ったものを係にしてしまう傾向があります。そのため、子どもたちの思いをくみ取れない場合が起こってきます。楽しい係活動をつくるためには、子どもたちが、自らのよさを発揮できるような係にしていくことが必要です。そこで、子どもたちに係決めを呼びかける時の言葉かけがポイントになります。

「あなたは、どういうことでみんなのために役立つことができると思いますか」。

「このクラスにどういう係があれば、みんながもっと楽しくよい学級生活が送れるようになると思いますか」。

このような呼びかけをすることによって、子どもたちが自分と学級生活の向上とのかかわりで係を考えることができるようになります。

この場合、子どもたちから出されたものを、「それは○○係のことだね」というようにくくらないようにします。例えば、「僕は、絵を描くのが好きだから、いろんな絵を描いてみんなを楽しい気分にしたい」と言ったとしましょう。それを「お絵かき係」としてしまうと、「絵を描いて楽しむ」係というようにイメージが限定されてしまう場合がありま す。そこで、そのような時には「絵を描いてみんなを楽しい気分にする係」というように、その子の思いが込められるような仮の名前にしておくのです。

条件2：イベント活動を仕掛ける

係活動を通して学級をよりよくするための二つ目の条件は、「学級をよりよくするイベント活動」を仕組ませるということです。

係活動で学級生活を豊かにしていくためには、楽しい活動を企画することが不可欠となります。係が企画するイベントは、基本的に休み時間に実施します。ここでは、バラバラに行わせるのではなく、ある時期を指定して行う「係イベントウィーク」を紹介します。

「係イベントウィーク」というのは、ある一週間を指定して、各係がイベント活動を行うものです。まず、中休みや昼休みなど、子どもたちが自由に使える時間を示したカレンダーを準備します。その後、次に示すような手順で進めていきます。

①係イベントウィークの説明を行う。
②イベントの計画を立てる。
③企画カレンダーにいつ行うかを書き込む。

係イベントウィークの手順

①係イベントウィークの説明を行う
②イベントの計画を立てる
③企画カレンダーにいつ行うかを書き込む
④帰りの会でみんなに紹介し、ポスターを貼る
⑤イベントを実施する

④帰りの会でみんなに紹介し、ポスターを貼る。
⑤イベントを実施する。

それぞれのイベントには、自由に参加できるようにしておきます。そのため、企画の内容によって参加者の数が違ってくるというサバイバルな一面もあります。何回か行っているうちに、「③企画カレンダーに書き込む」際に、他の係と時間帯が重ならないようにするなど、期日設定を工夫する係や、参加者を増やすために内容を工夫する係が出てきます。イベント活動を行うことで、お互いが話し合うことにもなるのです。

また、学期に一度は「係イベント祭り」を行うことも考えられます。係同士で協力し合って一つのイベントを企画するということも大切です。

条件3：広報活動に取り組ませる

三つ目の条件は、「広報活動に取り組ませる」ということです。自分たちの取組を他の仲間たちに認めてもらえることで、みんなのためにもっとよい活動をつくっていこうという意欲につながっていきます。

係をつくった時には、ポスターを描かせ、その存在をアピールさせます。そのポスターには、係の名前や活動内容だけではなく、「こんな活動で学級をよくします」というようなアピール内容を書かせることが大切です。

イベント活動を仕組む、活動の予告を学級全体に知らせる、その時に広報活動が役に立ちます。イベント活動にたくさんの参加者を呼び込むことも大切です。そのために、活動内容を示して、みんなの期待感を高めることが大切になってくるのです。

条件4：ネーミングを工夫する

一般的に係活動と言えば、「○○係」という名前がつきます。しかし、名前というのは、活動内容に大きく影響することもあります。そこで、係のネーミングにもう一工夫して、『会社・同好会・研究所・クラブ・隊・チーム・組合』というように、「○○係」にこだわる必要はないことを伝えます。子どもたちが係の名前を考える時、「こういう名前にしてもいいよ」というように教えてあげるだけでよいのです。

以前に三年生を受け持った時のことです。子どもたちは四年生からはじまる「クラブ活動」に興味をもっていました。そこで、「このクラスの係を『クラブ』にしようか」と呼

学級の係のネーミング例

- スマイル仲よし係
- ミニイベント天気情報局
- 給食席替え事務所
- ギネスクラブ
- 席を替えるぜ株式会社
- 劇団大塩組
- スマイルデータ研究所
- ミュージックステーション

びかけたところ、子どもたちはとても喜んで活動をはじめたことがありました。

これまで、私が受け持った学級の中にあった係のいくつかのネーミング例を上に示します。

会社（株式会社）方式については、私の失敗を紹介します。若い頃、特別活動に関する本で『会社活動』というものを知りました。私は、すぐに飛びつき、学級の係を「○○会社」としました。しばらくは、何事もなく活動が続いていたのですが、ある日、ある係の子どもから「先生、僕たちの会社に『社長』を決めました」と告げられました。

しばらくすると、「今度は『部長』をつくりました」と。私がどのように対応したらよいのか悩んでいるうちに、子どもたちは「会社なので、社員に給料を払いたいです」「仕事をやってもらう人をアルバイトでやとってもいいですか」と、次々にいろいろなことをはじめていきました。そうこうするうちに、『係活動が学級生活をよりよくする』ものであることから離れて、『自分たちの会社をいかに儲けさせるか』となっていき、学級がグチャグチャになったことがあります。この時は、係活動は学級のみんな（生活）をよりよくしていくためのものなので、儲けるとか、アルバイトとかはやらないようにと押さえ込んでしまいました。子どもたちは私の言うことは聞いてくれたのですが、後味の悪い終わり方になったのは間違いありません。今考えると、子どもたちが「会社」という言葉から発想したものを受け入れるだけのゆとりがなかったのでしょう。

条件5：人数制限をしない

係の所属を決める場合、「○○係は五人」と所属人数を事前に決めてしまう場合が見受けられます。それをしてしまうと、所属希望の多い係では、当然その係に入れない子どもが出てきます。その場合、じゃんけんで決めることが多いのですが、じゃんけんで負けた子どもは、最終的に自分がやりたくない係に所属することになります。そうなると、その子どものモチベーションはほとんど上がることはありません。そこで、係の所属人数を制限しないようにします。希望する子どもをすべて所属させるのです。

それを行うと、次のような問題が起こってきます。

①みんなでつくろうと決めた係なのに、誰も希望する者がいない。
②希望者がたくさんいて、大所帯になってしまう。
③係は集団活動なのに、希望者が一人という係ができる。

具体的に、それぞれの対策を示してみましょう。

①みんなでつくろうと決めた係に誰も希望する者がいない場合

この問題については、「係はなくても学級の運営に支障はない」という考えで臨んでいるので、誰も所属する者がいない係が出たら、その係をなくしてしまってよいでしょう。

②希望者がたくさんいて大所帯になる係が出てきた場合

最初は、希望する者全員をその係に所属させます。そして、子どもたちの活動の様子を見守り、子どもたちが困るのを待ちます。人数が多すぎると、何も活動をしない子どもなども出てきます。やりたいことがたくさん出てきて、何をやってよいのか混乱するでしょう。そのような時こそ、教師の出番です。その問題を解決するためにどうしたらよいかを子どもたちに考えさせます。新聞係に二〇人が所属するということがありました。その時、子どもたちは話し合って、新聞係を三つに分け、それぞれ「遊び新聞」「勉強新聞」「お楽しみ新聞」というように分担を決めていきました。このように、トラブル発生時の対処法を考えさせるのも、子どもたちを育てることにつながるのです。

③希望者が一人という係ができた場合

係活動は集団活動です。ですから、基本的に一人での活動というものはあり得ません。しかし、希望者が一人でも係として成立させます。ただし、いつまでも一人でやらせるわけにはいきません。

《希望者が一人の係》→教師が加わり、楽しそうな係にする

そこで、まず教師がその係に所属し、二人の係にします。教師が一緒に活動しながら、その係の活動をおもしろくしていきます。それを学級のみんなに伝えていきます。そして、「一緒にやってもいい？」という友達を見つけていくのです。

条件6：教師の願いを示す

子どもたちに係活動を考えさせると、教師が、学級をよりよくするために必要だと考えている係ができないことがあります。その場合、私は子どもたちにその思いを語るようにしていました。例えば、学級に歌声を響かせたいと考え、音楽係をつくるような時です。

また、子どもたちが一つの考えに固執している場合には、「以前、先生が受け持ったクラスには○○係というのがあったよ」というように、教師から情報を与えました。子どもたちの発想は、子どもたち自身の体験に限られる場合がほとんどです。そのため、教師からの情報提供が、「新しいものに気づかせる」ということに有効な場合があるのです。

このような条件で係活動を楽しくすることによって、子どもたちの活動意欲は確実に高まっていくのです。

当番活動を楽しむ

まず、私の学級で取り組んできた「一人一当番活動」を紹介します。

「一人一当番活動」とは、「みんなのために汗を流せる人になろう」をスローガンに、全員が何らかの当番活動を行えるようにしたものです。当番活動とは、学級づくりにおいてなくてはならないもので、子どもたちに責任を学ばせる大切な活動です。子どもたちには、学級を動かすには様々な仕事があることを経験させることが必要です。そこで、学級の人数分の当番をつくり、全員が学級のために何らかの活動を行っていくのです。

この活動は、次のように行います。

①金曜日の帰りにくじを引き、次の週の当番を決める。
②どの当番をするのか名前がついた磁石を教室の背面黒板に貼る。
③自分の仕事が終わったら、名前がついた磁石の上に丸磁石を貼る。

これは、全員がいろいろな当番を経験できるようにするという意味では、とても有効な

おもしろネーミングの例

・ゆうゆうワイド
　→帰りの会の司会
・ズームイン
　→その日のニュースを紹介
・心のオアシス→心のメモ配り
・シューズマン→靴箱の掃除
・反省次郎
　→1日のめあての反省
・スマイルの約束
　→1日のめあてを決める
・明日があるぜ
　→次の日の日課連絡
・チェックリスト→宿題提出調べ
・おはようピン
　→あいさつの号令
・そうじき→週に2回のゴミ捨て
・ドーマ→教室の窓の開け閉め
・ろうまど
　→廊下の窓の開け閉め
・きれいきれい→黒板消し
・ヤギさん
　→プリントやノートを配る
・ハルハル→掲示板を担当
・今日も元気会
　→朝の会の司会
・スマイル伝記→パソコンでその日のことを記録
・ごはんがススムくん
　→給食台の準備と片付け

取組だったと思います。当番活動というものは、『学級のために仕事をする』ということですから、あまり楽しいものではありません。

しかしながら、どうせやるなら当番活動も楽しく活動ができたらいいなと考え、この活動を楽しくするために三つのことに取り組みました。

【おもしろネーミング】

これは、その名のとおり、当番に自分たちで考えた名前をつけようという取組です。

【当番ビンゴ】

これも、その名のとおり当番の名前でビンゴを行うものです。二五マスのビンゴカードを準備し、そこに当番の名前を書き込ませます。週に一回、当番を交代する時に、自分がやった当番名に印を付けていきます。そこで、ビンゴが成立したら、賞状を渡すようにします。

【名人づくり】

これは、ある子どもからの訴えによって生まれた取組です。くじによって当番を決めていたのですが、「何回も同じ当番になってしまう」という訴えがありました。そこで、同じ当番を何回もやるということは、その活動内容について上手にできるようになったということなので、三回目の時に「名人賞」を出すことにしたのです。

「名人賞」については、「三回やったからといって名人だとは限らないのではないか？」という訴えが学級ポストに入れられました。そのため、話合いを行い、三回目が終わったら先生による検定試験を行うということになりました。

このように「楽しく」当番活動を行わせることで、子どもたちの活動意欲は高まっていきます。また、どのようにしたらよりよい仕事ができるかを考えるようになります。ただし、当番活動では「楽しさ」だけを求めてはいけません。「楽しさ」だけではなく、子どもたちに責任感を育てる必要があるので、「やらなければならないことをきちんとやる」ということをないがしろにしないようにします。そのためには、仕事をきちんと行ったかを振り返る時間が必要です。

子どもの世界を楽しむ

子どもたちは大人にはない独特の世界観をもっています。「子どもの世界を楽しむ」ことは、学級づくりにとってプラスになります。そのためには、次の二つのことに取り組みましょう。

【子どもの言葉に耳を傾ける】

時間の許す限り、子どもたちの話を聞くようにしましょう。子どもたちは、低学年ほど先生に話しかけてきます。自分が好きなこと、友達との出来事、昨日あったことなどです。それらを聞いていると、「どの子がどういうことに関心をもっているのか」「今、何をしたがっているのか」がわかるようになります。そして、学級における集団づくりに大きく役立つようになるのです。

このことを「子どもの世界を楽しむ」に書いたのは、子どもたちの話を聞くことを仕事として聞いてはいけないということです。子どもたちにすぐに見破られます。そこで、「話を聞くことを楽しむ」ようにしてほしいという思いから、この項にまとめたのです。

【子どもの世界に関心をもつ】

子どもの世界には独特なものがあります。多くの子どもたちは、アニメ、ドラマ、アイドルなど様々なものに関心をもっています。今の子どもたちが、どのようなことに関心をもっているのかを知っておくことが子どもたちとの関係をつくっていくのに役に立つ場合があります。

例えば、高学年の女子の場合、ドラマについての話題で話のきっかけをつかむことがありました。自分がそのドラマを見ていなくても、相手が話をするきっかけをつくることは可能なのです。また、パニック症状を起こした子どもとアニメの話をしてクールダウンにつなげたこともありました。

授業づくりを楽しむ

どの子も「勉強ができるようになりたい」という思いをもっています。その思いは大切にしてあげたいものです。教育のプロとして、きちんと教材研究をし、誰もがわかる授業をつくることは当然のことです。

ただ、普通に授業を行うだけでは、なかなか意欲的になれない子どもたちもいます。そういう子どもたちを意欲的にするためのアプローチとして、授業力を高めていく必要があるのですが、別のアプローチの仕方として、「楽しむ」というフィルターを通す方法もあると考えました。例えば、次に紹介する「くじ発言」「漢字フェスティバル」「ショート作文」「自学メニュー」などがそうです。

【くじ発言】

子どもが自ら挙手をし、発言をするという行為は、なかなか難しいものです。特に、学習内容に自信のない子どもからするとなおさらではないでしょうか。

　最近の子どもたちは、失敗することを極端に嫌う傾向があるので、「○○についてどう思いますか」などのように考えを聞くと、ほとんど手が挙がりません。そのような時、「くじ」を使います。おもむろに「くじ」を取り出し、一本引きます。そして、そこに書かれている番号を読み上げるのです。「では、出席番号五番の人、お願いします」。そうすると、不思議なことに挙手できなかった子どもも発言できるのです。もちろん、この「くじ発言」には、『パスする権利』を与えておきます。くじで当たったからといって、追い詰めてしまってはいけないからです。

　このくじには落とし穴があります。くじばかりやっていると、子どもたちの中には、「先生のくじが当たった時だけ発表したらいいんだ」というように、他力本願的な思いを抱く子どもが出てくる場合があります。発言というものは、子どもが「伝えたい」という思いの発露から起こるようにもっていくべきです。ですから、いつでもやるのではなく、時々やるほうが効果的です。

【漢字フェスティバル】

漢字の学習も、子どもたちが嫌う学習の一つです。漢字の学習を嫌うというより、「漢字に対して苦手意識をもっている」というのがその原因のようです。最近は大人だけでなく、子どもたちの活字離れもひどくなり、ますます漢字に対して関心をもつ子どもが減ってきました。そこで、「漢字って実はとってもおもしろいんだ」ということを味わわせる取組を考えてみました。

漢字フェスティバルでは、読み方（音読み・訓読み）、画数、部首、当て字、語源、対語など、漢字にかかわることをクイズにしたり、ゲームにしたりして取り組ませます。

問題例は次のとおりです。

○へんとつくりで鎖をつくろう

へんとつくりを入れ替えながら漢字をつなげていく遊びです。班対抗、もしくは個人同士で競わせると盛り上がります。

（例）村→板→坂→地→池→注→柱→……

○部首でビンゴ

同じ部首の漢字を二五個のマス（五×五）の中に書かせます。教師が辞書などを使って、漢字を一字ずつ読み上げていき、ビンゴにチャレンジさせます。

○カタカナ組み合わせ漢字（資料参照）

カタカナを組み合わせてできている漢字は以外と多いものです（家庭学習としても使えます）。

（例）イ＋ヒ＝化／ナ＋ロ＝右

○漢字で算数しよう（資料参照）

漢字の算数とはどのようなものか知っていますか。例えば、次のようなものです（このゲームも家庭学習で使えます）。

（例）日＋月＝明／東－木＝日／口×３＝品／炎÷２＝火

○鏡文字探し

左右対称の漢字を探すものです。例えば、次のようなものです。

（例）木／土／士／大／中／凹／凸／工／山／品／善／金…

○同画漢字を探せ

おもしろ漢字プリント（資料）

1　漢字には、カタカナを組み合わせてできているものがあります。さがしてみよう!

例：カ ＋ ロ ＝ 加

さあ、いくつ見つけられるかな?

2　漢字にはいろいろな読み方があるのは知っていますか?　そこで、問題です。「しょう」と読む漢字を見つけてみよう。

例：小学校の「小」

3　世の中にはた〜くさんの漢字があります。そこで、体に関係のある漢字をさがしてほしいと思います。

例：目

4　最後の問題です。次の図の中にはたくさんの漢字がかくれています。さ〜て、いくつかくれているでしょう。たくさん見つけてみましょう

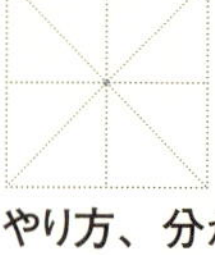

例

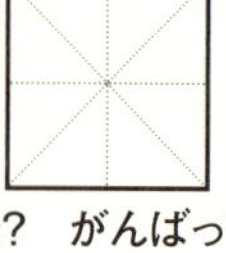

＝　口（くち）

やり方、分かりました?　がんばってみよう!

ある画数を指定し、その画数の漢字を探すようにします。調べてみると、中学年では五画の漢字がたくさんあるので、このクイズが向いているようです。

これらのクイズやゲームを朝の学習で行ったり、宿題として取り組ませたりするようにします。

【ショート作文】

漢字だけでなく、作文の学習も嫌いな子どもも多いと思います。作文指導は、一般的に、次のような考えで行われることが多いようです。

○きちんとした日本語（言葉や文法）で書かれている立派な作品を書けるようにさせたい。

○ある程度の長さ（原稿用紙三枚程度）で作品を書けるようにさせたい。

○内容がしっかりして、書き手の主張がきちんとした作品を書けるようにさせたい。

子どもたちに表現力が育っていないことがわかると、無理に書かせようとすることが多くなります。そうすると、おのずと添削に力が入り、子どもたちの作文が教師の赤ペンで真っ赤になってしまうこともあるのです。子どもたちは、自分なりに一生懸命に書いた（つもりの）作文が真っ赤に添削されると、意欲をなくしてしまいます。そして、嫌いになっていくのです。このような悪循環に陥らないようにするには、「書くって楽しい！」と思わせる取組をする必要があります。

そこで、作文を書かせる時の考えを次のように変えてみることにしました。

○少々まちがっていても気にしない。書き上げたことをしっかり褒めよう。
○短い時間で完成できる作文を書かせてみよう。
○文量も少なくてもかまわない。
○たくさん作文を書かせよう。

このような考えから、子どもたちに「作文を書きたいな」という気持ちにさせることをねらいとして取り組んだものが「ショート作文」です。左上に題材例をいくつか紹介しま

ショート作文の題材例

列挙作文／季節を探そう作文／五感作文／なるほど作文／
レポーター作文／秘密発見！作文／コマーシャル作文／
今日は何の日作文／○○さんになったつもり作文／
「取り扱い説明書」作文／ベストワン作文／地域の自慢ネタ作文／
どちらが偉い作文／秘密の作戦作文　など…

す。ここに紹介したもの以外で、オリジナルのものをどんどん考えていきましょう。

書くことが好きになった子どもたちは、教師が指示しなくても自分で書けるようになっていくのです。

【自学メニュー】

宿題の定番と言えば、漢字練習と計算練習です。もちろん、復習をすることは大切で、学習したことを定着させる意味でなくてはならないものです。しかし、それだけだと、「言われたことだけをこなす子ども」が育っていく可能性があります。

宿題のねらいの一つに「学習習慣を身につける」ということがあげられますが、そのためには「子どもたちが楽しんで取り組む宿題」が必要になります。そこで、先の復習系の宿題だけでなく自学系の宿題を組み込んでいく必要があるのです。そのことによって、言われたことだけではなく、自分で考えて宿題をする子どもたちを育てることができると考えました。

自学を定着させるには、まず、自学の楽しさを味わわせることが必要です。それは、「楽しく自学ができる」と「学習したことが生かせる」の二つです。私は、「パワーアップヒント集」というものをつくり、子どもたちに少しずつ教えていきました。

「パワーアップヒント集」とは、自学をなかなか決められない子どものために考えたもので、自学のメニューを小冊子にしたものです。

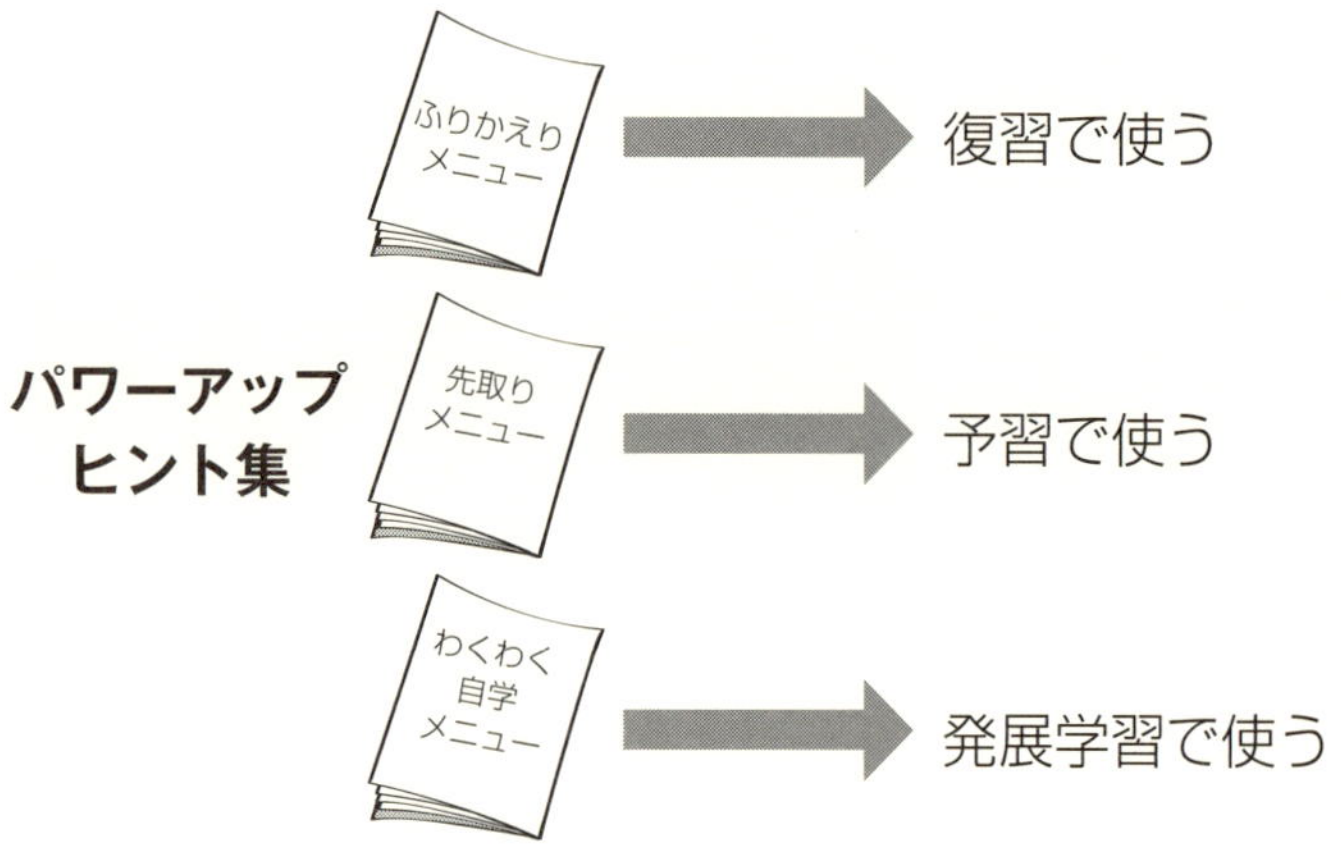

ここには、復習のための「ふりかえりメニュー」、予習のための「先取りメニュー」、発展学習のための「わくわく自学メニュー」があり、基本的には子どもたちが選んで取り組めるようにしました。

この自学への取組は、楽しいだけではなく、子どもたちが主体的に学習に取り組む姿勢も育てることができます。ある教え子から次のような言葉をもらいました。

「小学校の時の自学への取組のおかげで、中学校に行ってからも自分から学習することができるようになりました」。

このような取組を行う上で大切なことは、内容のおもしろさに加え、子どもたちと教師の人間関係が良好でなければならないということです。普段から、教師の笑顔とユーモアの精神を大切にしながら子どもたちと接することで、楽しみながら子どもたちの力がついていく様々な取組が可能になるのです。

楽しむことは充実感につながる

「楽しむ」とはどういう状態を指すのでしょうか？　短絡的な、その場限りの楽しさを求めるのではありません。充実感、達成感を味わったときの感情が「楽しい」というものなのです。この充実感や達成感というものは、ある目的を達成した時に感じるものです。「学級目標の達成に近づく」ことを目指して「楽しさ」を追求していくことが、最も大切なことです。このことを実感として味わわせたいと思います。

子どもたちに本当の意味での「楽しさ」を味わわせるためには、教師自身も「楽しむ」ことが大切だと思っています。いろいろな取組を「仕事として」こなしていくだけであれば、それは本当の「楽しさ」にはつながらないように思います。教師も、子どもと一緒に「楽しむ」余裕をもちたいものです。

第 3 章

開く

「学級王国」という言葉があります。学級というものは、一人の担任が子どもたちとともに創り上げていくものですから、学級が担任の個性に左右されるのは仕方のないことです。担任である限り、自分だけの学級王国をつくりたいと思う先生は多いのではないでしょうか。自分の学級は、他のどの学級よりもよい学級でありたいと思うのは当然のことです。

しかし、それが閉じたものであると、そこに発展性を望むことはできません。学級を常に開き、新しい風を取り入れる工夫をしていかなければならないというのが、ここでの主張です。

学級を保護者に開く

子どもたちの後ろには家庭があります。家庭とのつながりなしには学級づくりは成功しません。まずは、学級を保護者に開いておきたいものです。先に述べたように、家庭の協力がないと学級づくりはうまくいきません。

私は、家庭の協力を得るためには、学級通信が大きな力を発揮すると考えました。学級通信によって「親と学校」「子どもと親」「子どもと子ども」をつないでいくのです。

今、学級の様子はどうなのか、子どもたちはどういうことをやっているのか、教師はどういう考えで教育をしようとしているのか、などを保護者に開いていきます。このような情報を保護者に伝えることで、保護者は学級づくりのよき理解者になってくれるのです。

学級通信には、次の四つのねらいがあると考えます。

①学級を保護者に開く（学習の様子、子どもの様子、教師の思いや願い）。
②教育について語り合う場とする。
③子どもの思い出をつくる。
④教師としての力量を高める。

①のねらいを生かして、学級と家庭をつなぐ架け橋の役目を学級通信にもたせたいと思っていました。そのために、学級通信には何を書いたらよいのでしょうか。私の場合、次のようなことを取り上げてきました。

学級通信で取り上げたこと

- 学級経営方針
- 担任の教育観
- 日常の学級の様子
- 学級の問題点とそれに対する取組
- 子どもの意見や感想
- 子どもの作品
- 家庭学習のヒント
- 学級会の記録
- イベント活動の過程と様子
- 子どものよいところ
- 学習の仕方
- 誕生日特集号
- 成長の記録
- あいさつを俳句で
- 保護者の考え
- 授業記録
- 授業参観のお知らせ
- 夏休みの学級通信
- 学期末を振り返って
- 評価の観点
- イラスト
- 書籍・新聞紹介
- 子どもに書かせる
- 学級での取組
- 学級目標
- 個人目標にかかわること
- 得たい情報
- 家族のかかわり
- ツーウェイ通信
- 先生ネタ
- 写真

学級を同僚に開く

次に、学級を同僚に開くようにします。その方法として次の二つを紹介します。

一つ目は、学級通信を常に全職員に配るようにしました。学級通信を配ると、そこに書いていることをきっかけにして、休み時間に、教職員と話をすることが増えていきます。

学級を同僚に開くメリットは、次のようなことです。

○日常の言動・教室環境・授業の様子への意見がもらえる。
○学級づくりの資料がもらえる。
○学級経営方策を聞くことができる。

二つ目は、サークル活動を行うことです。教師という職業は、一人でもできることから、自分の経験だけに頼ってしまうことが多々あります。しかし、自分の学級づくりの力量を高めようと思えば、自分の方法を他に開き、批判を受けることが大切です。そのためには、サークル活動が最もポピュラーではないかと考えます。私は、若い頃にあるサークル活動に誘われました。その中で、学級通信を配り、自分の実践を提案しました。それらを、サークルの仲間に徹底して意見をもらいます。そこで質問を受けたり、批判を受けたりした経験が、自分の学級づくりを振り返ることにつながっていきました。

他のよさを取り入れる

長く学級担任をやっていると、自分なりの方法ができてきます。よく、目の前の子どもたちがどういう状況であっても、自分の方法を貫き通してしまうことがあります。それでうまくいくこともありますが、そうならない場合もあります。

以前、子どもたちと一緒に学級をつくっていった先生の後に担任を受け持ったことがあります。四月に入ってすぐ、子どもから次のような言葉が出されました。

「前の先生は、○○してくれたよ」。

この言葉には、「僕たちは、前の担任の先生のやり方が気に入っている。そのやり方でやってほしい」という子どもたちの願いが込められています。
こういう時はどうしたらよいのでしょうか。
「先生には先生のやり方がある」と、子どもたちの意見をビシッと切ってしまう方法もあります。しかし、その時の私は、子どもたちの雰囲気から、「そのようにはできない」と感じました。そこで、子どもたちが教えてくれた前の担任の方法を丁寧に聞き出すことをはじめました。

「それって、どういうふうにやるの？」。

まず、その取組のよさを、子どもたちがどのようにとらえているかを聞き取るようにしました。

「君たちは、どういうところがいいと思うの？」。

そして、その中から自分の学級づくりに取り入れられるのはどういうものかを考えていくようにしたのです。
このようにして、前年度の取組を完全に否定するのではなく、前学級のよさを取り入れ、それまでの取組をアレンジする柔軟性をもつことが大事なのです。

教師という職業は、他の職業と違って、新採の時からベテランと同じ指導を求められます。当然、若く経験も浅い先生にベテランと同じ指導などできるはずもありません。自分の方法がきちんと確立されていない場合が多いからです。

そのような場合には、真似ることから広げていくようにしましょう。同僚の学級づくりのよさを取り入れるようにするのです。

例えば、武士道には『守破離』という言葉があります。


《守》師についてその流儀を習い、その流儀を守って励むこと。

《破》師の流儀を極めた後に他流をも研究すること。

《離》自己の研究を集大成し、独自の境地を拓いて一流を編み出すこと。


このように、ある道を究めていくための歩み方が示されています。若い頃、私はある先輩からこの言葉を教えてもらい、同僚（先輩）の方法を真似ることから自分の学級づくりを行っていきました。

書籍などで紹介されている実践を真似る場合、私が気をつけてきたことは、やってみてうまくいったこととうまくいかなかったことをきちんと記録していくということでした。うまくいった場合には、どのようにうまくいったのか、うまくいった要因は何かを自分なりに分析しておきます。特に、書籍に書かれていなかったことで自分が工夫した点を記録しておくことが大切です。

うまくいかなかった場合も同様です。なぜうまくいかなかったのかを子どもたちの様子や状況をもとに分析してメモしておくのです。これを行うことによって、他人の実践が自分の実践となり、自分なりの方法として早く形成されていくようになります。

他人の実践を真似る時には、うまくいったこととうまくいかなかったことをきちんと記録しよう！

第　４　章

育てる

四つ目のポイントは「育てる」ということです。学級は日々、成長していくものです。そのためには必要な力を育てていくことが大事です。特別活動に関しては、中央教育審議会答申の「特別活動改訂の趣旨」に「特別活動の充実は学校生活の満足度や楽しさと深くかかわっているが、他方、それらが子どもたちの資質や能力の育成に十分つながっていない状況も指摘されている」ことが課題であると示されています。

つまり、「育てなければならない力を育てていない」ことが指摘されたのです。それらの課題を解決するためにも、必要な力を育てなければならないと考えました。

集団活動に必要な力を育てる

よりよい学級をつくっていくためには、集団活動に必要な力を一人ひとりの子どもに育てていかなければなりません。それは、「人間関係をつくる力」「話合いで問題を解決できる力」「進んで学級づくりにかかわる力」の三つだと考え、取り組んできました。具体的には、次のことが考えられます。

［人間関係をつくる力］

○相手の考えや方法を受け容れる力
○仲間との組織を活用していく力
○楽しい学級生活を送るために、友達と協力していく力

［話合いで問題を解決できる力］

○目的を達成させる力
○決められた役割をやり遂げる力
○考えの比較から自他のよさを知り、考えを修正したり改善したりする力

［進んで学級づくりにかかわる力］

○新しい考えを発想する力

○学級生活の向上のために質の高い考えを生み出す力
○目的達成のための方法を考え自主的に計画を立てる力
○身の回りの出来事から学級の問題を見いだし提案する力

これらは、今回の学習指導要領の改訂で特別活動に求められた「人間関係形成力」「自治的能力」「社会に参画する態度」という三つの資質や能力にもつながっているものなのです。

このような力を育てるために、様々な取組が考えられますが、最も有効な方法として「イベント活動を仕組む」ことだと考え実践してきました。

イベント活動は、子どもたちが楽しみにしているものです。そのため、間違った仕組み方が見られることがあります。「子どもたちが楽しみにしているので、息抜きに集会でもやっておくか」というとらえ方です。こうなると、「楽しむだけのイベント活動」になってしまい、これが、今回、中央教育審議会答申で指摘された「特別活動は子どもたちを遊ばせているだけ」という批判につながっていったと考えられます。私たちは、この批判に正面から向かい合う必要があると思うのです。

そのために、イベント活動を行う際に、「三つの壁」を設定し、子どもたちに提示します。イベント活動における三つの壁とは、次のものです。

①みんなのためになる活動づくりであること
②自分たちでつくる活動づくりであること
③失敗を生かした活動づくりであること

①みんなのためになる活動づくりであること

～イベントのめあてを意識させる～

イベントを行う時、ともすると「楽しそうだから」という理由を第一に考えて行ってしまうことがあります。それだと、「楽しかった」という思い出は残るものの、子どもたちを育てることには至りません。イベントを「みんなのためになる活動」と位置づける必要があります。そのために、何のためにそのイベントを行うのか、という「めあて」を意識させます。

議題を決める段階

提案者に、「どうしてそのイベントをやりたいのか」と尋ね、その思いを聞き出します。そのことによって提案に隠れている学級の問題を明らかにしていきます。そこから、イベントのめあてが示された提案理由を考えます。例えば、「この学級の男女はあまり仲がよくないので、みんなが仲よくなれるようにするためにゲーム集会を企画しました」というような思いを引き出すのです。

イベントの名前を決める段階

提案理由が明確になったら、イベントの名前を「めあてが見えるもの」に変えます。例えば、「学期末のお楽しみ集会」ではなく「一学期を振り返って二学期に生かせるお楽しみ集会」というようにします。これにより、ただ楽しむだけのお楽しみ集会ではなく、学級がよりよくなるお楽しみ集会であるという意識を育てることができます。

話合いの計画をつくる段階

　話合いの計画では、話合いの柱を決めます。そのイベントにかかわるすべてのことを話し合おうとすると、時間が足りなくなります。そこで、めあてに関連したものだけを話し合うようにします。例えば、「男女が仲よくなるドッジボール大会」を話し合うのであれば、「チーム分け」と「練習期間」を柱にするとよいでしょう。

話合いの段階

　話合いで意見が出はじめると、どのような結論に導けばよいのか迷ってしまうことがあります。そのような場合、めあてに返って考える習慣をつけさせます。例えば、いくつかの候補の中から一つを決めなければならない時、「どれを選んだら、自分たちが決めためあてを達成できると思いますか」という呼びかけをするのです。

②自分たちでつくる活動づくりであること

～イベントに全員がかかわれる工夫をする～

イベントで子どもたちを育てようとする時、そのイベントを子どもたち自身でつくれるようにしていく必要があります。そこで大切なことは、全員がイベントにかかわるようにすることです。そのためには「話合いを通す」ことと「役割を決める」ことに取り組みます。

話合いを通す

イベントを行う際は、全員の話合いを通すことを大切にします。そのために、次のことに取り組みます。

①そのイベントを議題にすることが決まったら、朝の会や帰りの会で全員に知らせる。

②企画書ができたら、事前に掲示しておき、全員が

イベントを行う際に大切なこと

話し合いを
通す
!!
役割を
決める
子どもたち全員が
イベントにかかわる

何らかの意見をもって話合いに参加できるようにする。
③話合いでは、司会グループが多くの意見を絡ませるように進めていく。
このようにして、全員に「自分たちのイベント活動」という意識がもてるようにします。

役割を決める

イベント実施に当たって、様々な役割が必要になってきます。そこで、可能な限り多くの子どもに役割を決めていきます。イベント本番に必要な係として「司会係」「記録係」などが必要ですが、それ以前に、「会場を準備する係」や「プログラムを作成する係」が必要です。また、必要に応じて「事前に意識調査をする」係をつくったこともありました。

③失敗を生かした活動づくりであること

～イベント活動を発展させながら継続化させる～

イベント活動が一回目からうまくいくとは限りません。子どもたちには、「失敗を生かしていく」力を育てていく必要があります。そのために、「振り返りを行う」ことと「継続化を意識させる」ことに取り組みます。
この二つを行うことで、自分たちが取り組んだイベントのよかったところや悪かったところを明確にすることができ、「次に生かしていきたい」という思いを育てることができます。このことが、子どもたちに「イベント活動は単なるお楽しみではない」という意識を芽生えさせることになっていくのです。

振り返りを行う

ア　計画委員会活動の振り返り

・議題が学級の問題解決につながるものになっていたか。
・話合いの柱は問題解決につながるものだったか。
・話合いではできるだけ多くの意見を出し合わせることができたか。

イ　話合い活動の振り返り

・自分の考えを出すことができたか。
・友達の発言をしっかり聞いてイベントの在り方を考えることができたか。

・めあてを達成できるように考えることができたか。

ウ　イベント活動実施に向けての準備段階の振り返り

・準備計画は無理のないものになっていたか。

・それぞれの計画に従って役割をきちんと果たすことができたか。

エ　イベント活動実践の振り返り

・計画どおりにイベントを進めることができたか。

・それぞれの計画に従って役割をきちんと果たすことができたか。

継続化を意識させる

ア　一年間のイベント活動を貫き通すテーマ

すべてのイベントを学級目標の達成を目指して行うようにします。例えば、学級のスローガンが「協力　全力　すごい楽しい」という場合、どのイベントを行う場合にも、これらのスローガンをイベントのめあてとして位置付けるようにします。

イ　継続していることの意識付け

例えば、「ドッヂボール集会」の前に、「第〇回　〇〇学級」という文言をつけます。

話合いの仕方を育てる

子どもたちのコミュニケーション能力の低下が話題になってからというもの、教科の研究で「伝え合う力」を育てることが盛んになっています。しかし、同時にその教科で学んだ力を実生活で使えないという問題も浮上してきています。どんなに教科の研究で話合いの力（伝え合う力）を身につけても、実生活で使えなければ意味がないのです。実生活で使えないということは、人間関係づくりに生かせないということです。

そこで、次の二つのことに取り組むようにします。

【話合いの意義を教える】

話合いの仕方を教える前に、子どもたちには、「話合いの意義」を理解させる必要があります。それは、「話合いが必要なわけ」「話合いの進め方」「話合いの楽しさ」の三つです。

話合いが必要なわけ

なぜ、学級づくりに話合いが必要なのでしょうか。それは、「自分たちの学級は自分たちの手でつくっていく」ということを実現させるためです。そのために、話し合うことによって学級ができていくということを実際の生活場面で教える必要があります。

話合いの進め方

ただやみくもに話合いをすればよいというものではありません。話合いの進め方についでは丁寧に指導していく必要があります。「議題の集め方」「話合いの計画の立て方」「話合いで折り合いをつける方法」「計画委員会の進め方」などです。教師が説明することも大切ですが、それよりも、実際にやってみて確かめることが最も大切です。また、他学級の話合いの様子を見学させることも、かなり有効です。

詳しくは、6章の「話合いと生活をつなぐ」（一一七ページ）で紹介します。

話合いの楽しさ

『話合いって楽しいね』。子どもたちがそのように言ってくれることを目指します。そのためには、話し合って決めることの心地よさを味わわせます。つまり、話合いをすることによって、自分たちの生活がよりよくなったことを実感させていくのです。

【教科で学んだ力を実生活で生かす】

多くの教科の時間では、話合いを取り入れた実践が多いと思います。特に国語の時間などは、「話合いの仕方」を教える時間でもあります。そこで学んだことは、実生活（人間関係づくり）で生かされてこそ、本物だと言えるのです。

例えば、「身の回りから課題を見つける」「友達と意見や考えをつないでいく」「話合いの手順がわかる」「自分もよく、相手もよい結論を求めていく」「話合いの企画をする」などです。これらは、話合い活動の手順でもある「議題の集め方」「話合いの計画の立て方」「話合いで折り合いをつける方法」「計画委員会の進め方」などと密接につながっています。

私の知り合いが、次のように言っていました。

「話合い」を野球の試合に例えると、教科の学習における「話合い」は練習試合です。「本番の試合」はやはり、生活づくりにおける「話合い」です。

まさにそのとおりです。今、コミュニケーション能力の低下が問題視されている時だからこそ、教科での話合いと特別活動での話合いを結び付けていく実践が必要なのです。

リーダーシップ・フォロアーシップを育てる

集団活動を活発に行うためにはリーダーが必要です。しかし、リーダーさえいればよいかというと、そうではありません。リーダーがその力を発揮して活躍するためには、それをフォローし、支える者の存在が必要です。それらの大切さを身をもって経験させることによって、リーダーシップとフォロアーシップを同時に育てることができるのです。

そのためには、一つは「輪番制」を取り入れる方法があります。話合いの司会に輪番制を取り入れ、誰もが一度は司会ができるようにします。また、係活動のリーダーに交代制を取り入れて、誰もが係のリーダーを経験できるようにします。リーダーを経験することで、「自分がリーダーの時に困ったこと」をフォロアーになった時に生かすことを経験できるようになります。

もう一つは、「言いだしっぺ実行委員会システム」を取り入れ、誰でもリーダーになれる機会を意図的に設けるようにします。「言いだしっぺ実行委員会システム」については5章（一〇三ページ）で紹介します。

これらの取組によって、みんなを引っ張っていく経験を積ませたり、それを支えながら計画を実行したりする経験を学ばせることができるのです。

子どもたちに双方を経験させる

自尊感情を育てる

子どもたちは、自分のよさを生かすことができ、それを認めてもらえることで「自尊感情」が育ちます。そのために、次の三つのことに取り組みます。

【子どものがんばりを認める学級づくりを行う】

学級内では様々な活動が行われます。その中で、子どもががんばった姿を見せた時、「よくがんばったね」「君のおかげでいい取組ができたよ」と声をかけます。このことが、一人ひとりに自信をつけさせることになるのです。

【一人ひとりのよさにスポットライトを当てる】

特にこれまで表舞台に立ったことがない子どもをターゲットにしましょう。そうすることで、その子どもに対する友達の見方を変えることになります。子どものつぶやきや日記などから思いをくみ取り、必要に応じて実行委員会を立ち上げさせます。もちろん、教師がしっかりかかわって必ず成功させるようにします。このことで、学級の雰囲気が大きく変わるのです。

【一人ひとりを多面体にする】

もし学校が学習の場だけなら、理解力や技能の高い子どもは活躍する場面が多くなるし、そうでない子どもは目立たなくなります。学習面でよさを発揮する子どもも、日常の当番活動では活躍しない場合もあります。その逆も当然あります。

子どもは、多様な内容の活動経験を積み重ねることで、一人ひとりが『多面体』になっていくのです。そのことで、学級における一人ひとりの居場所を確実なものにしていくことができるのです。

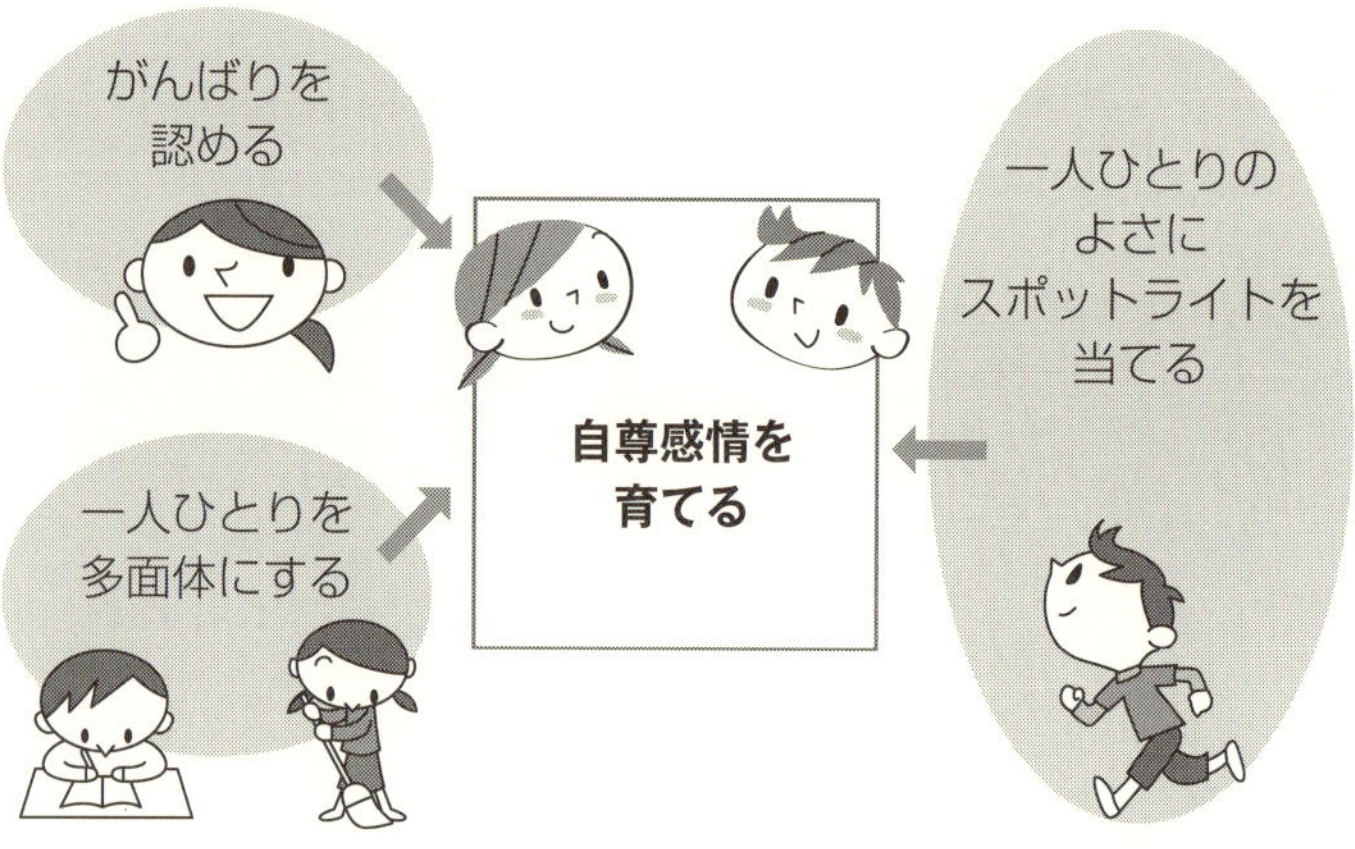
がんばりを
認める
一人ひとりを
多面体にする
自尊感情を
育てる
一人ひとりの
よさに
スポットライトを
当てる

第 5 章

巻き込む

学級づくりを行うに当たって、担任一人の力でやれることには限界があります。そこで、五つ目のポイントに「巻き込む」ということを取り上げました。学級をつくるためには、「保護者」「子ども」を巻き込んでいくことが大事なのです。

この「巻き込む」という行為は、個と集団のかかわりを大事にし、協同の喜びを味わわせるために欠かすことのできないポイントなのです。

保護者を巻き込む

「保護者を巻き込む」とは保護者を担任のよき理解者にしていく、ということです。このことは、学級づくりを行うために、とても大事な部分でもあります。保護者が担任のよき理解者になってくれると、間違いなく学級づくりはうまくいきます。

保護者を巻き込む方法として、次の五つを紹介します。

［子どもとの出会いを魅力的に］

保護者に担任のよい理解者となってもらうには、まず子どもたちをその気にさせることです。そこで、一学期の始業式の日をスタートに、子どもたちとの出会いの時を大事なポイントとして位置づけます。

出会いの演出としての四つのポイント

《その1》「何かが違う」という思いを抱かせる。
《その2》「こんな学級にしたい」というイメージをもたせる。
《その3》「自分たちでできそうだ」と思う組織をつくる。
《その4》「楽しいことがありそうだ」という期待感を与える。

《その1》「何かが違う」という思いを抱かせる

一学期の始業式の子どもたちは不安でいっぱいです。「今度の学年はどういう一年間になるんだろう?」「友達をつくれるかな」というような思いをもって教室に集まっています。この日、子どもたちを「ハッ」とさせ、子どもたちの不安な気持ちを断ち切って、子どもたちにワクワク感を高めさせましょう。

おすすめの実践は「第一印象作文」（下図）です。これは、「担任の先生の第一印象は?」「この学級に期待することは?」「先生への質問は?」といったことを用紙に書かせるものです。楽しみながら担任や学級への思いなどを書かせるようにしましょう。

また、それ以外にも、一緒に歌を歌ったり、一人ずつの写真を撮ったりすることも効果的です。大切なことは、子どもたちの緊張を和らげることなので、担任は笑顔で子どもたちにかかわってい

プリント おもしろ作文用紙　／　名前

テーマ　第一印象作文

今日、担任が椙田先生に決まった。ぼくは／私は

（感想）

先生の年は□才くらいに見えるが、本当はどうなんだろうか?先生をよく見ると□に似ている。先生のすがた、しゃべり方などから予想すると、先生の性格は□で、□がとくいそうに思えた。そして、この学級が□な学級になるといいなと感じた。

最後に先生に言いたいことがある。それは、

ということである。

一年間、よろしくお願いします。

きましょう。

《その2》「こんな学級にしたい」というイメージをもたせる

「新しい学年では○○な学級になったらいいな」。子どもたちはそのような思いを抱いて進級してきます。そこで、その時の子どもたちの思いをもとに「学級のイメージづくり」を行います。学級目標づくりです。ゴールと行動の値打ちを意識させるのです。

1章で紹介した「学級目標づくりの手順」の「①新しい学級に対する願いや夢を集める（集約）」ことをここで行います。子どもたちにどんな学級にしたいか聞いたり、教師の夢を語ったりします。それらを学級目標につないでいくのです。

《その3》「自分たちでできそうだ」と思う組織をつくる

「自分たちの学級は自分たちでよくしていく」。子どもたちにそのような意識をもたせたいものです。そのためには組織が必要です。そこで、その第一歩として、係や当番などの学級を動かす組織づくりを行います。第2章で紹介した係活動や当番活動に取り組んでいくのです。係活動とはどういうものか、当番活動では何をすればよいかなど、これからの学級生活づくりに見通しをもたせるようにします。目指すは「自主的な組織」づくりです。

《その4》「楽しいことがありそうだ」という期待感を与える

始業式の日、子どもが帰宅した時、ほとんどの親は「今年の担任の先生は誰だった?」と聞くのではないでしょうか。その時、子どもが開口一番「今年の担任の先生はね…」と笑顔で報告したら、学級づくりのスタートとして完璧です。

そのために、始業式の日には学級をよりよくするのは自分たちであること、先生はそのお手伝いをすることなどを話します。そして、そのためには、子どもたちの自主的な活動が大切であること、みんなの同意を経て、いろいろな企画を実現していけることを話します。具体例を挙げて話をすると、子どもたちにもイメージがわきやすいのではないかと思います。

【第一回目の授業参観で子どもたちが盛り上がる授業を】

第一回目の参観日、保護者も「今年の担任はどういう先生だろう?」という関心をもってやってきます。

そこで、子どもたちが活躍し、盛り上がる授業を仕組むのです。この第一回目の参観日は、始業式から日をおかずに行われることが多いので、その間に子どもたちを鍛えるというのは不可能に近いでしょう。そのため、自分が最も得意とする教科で勝負するとよいでしょう。私の場合は、動作化を取り入れた授業やグループ活動を仕組んだ授業をよく行いました。

【最初の学級懇談会で思いを語る】

最初の懇談会は、担任が保護者に学級づくりの構

最初の授業参観で盛り上がる授業を
How many?

想を語る最初の場面です。この場で、子どもたちの幸せを一番に願っていることを熱く語ります。保護者へのお願いとして、「子どもの前で担任の批判をしない」「子どものことで不安なことがあったら、まず連絡する」という二つのことを伝えます。そして、「そうしないと、子どもたちの状況は決してよくならない」ということを訴えるのです。

また、この時、私は学級経営案を配布するようにしていました。そこには、この一年間、どのような学級づくりを行っていくかというプランが書かれています。保護者に担任の思いを伝えるには最もよい方法だと思っているからです。

【学級通信で学級の様子を知らせること】

どの保護者も、学級での様子を知りたがっています。担任として、その情報を保護者に伝えるというのは大切なことです。私は、学級通信を通して、学級の様子を知らせることを行っていました。学級での出来事、担任の考えなどをエピソードを交えながら知らせるようにするとよいでしょう。

［保護者参画の活動を仕組むこと］

保護者と担任を結びつける取組として、学級ＰＴＡ活動があります。どの学校も、この活動は年に一回程度行われることが多いようです。私は、この活動を何回も開きました。一回しか行わないと、仕事の都合などで参加できない保護者が出てきます。「何度も行えば、そのうち一度は参加してもらえるのではないか」と考えたからです。

本来の学級ＰＴＡ活動というものは、担任と保護者を結びつけるものなので、子どもは関係ないのですが、子どもたちとのつながりも一緒につくっていきたいと考えて、子ども参加型の活動を多く仕組んでいきました。

親子スポーツ大会、親子ゲーム大会、親子クッキングなどを行うとよいでしょう。また、保護者だけの活動として、子どもの成長を考える話合い、講師を呼んでの講習会などを企画するとよいでしょう。

子どもたちを巻き込む

「子どもたちを巻き込む」とは、子どもたちを学級づくりにかかわらせる、ということです。その第一歩として、話合い活動に子どもたちがかかわれるようにします。

一つ目は、4章の「育てる」で示したように、話合い活動の手順をしっかりと子どもたちに教え、子どもたちの力で話合いができるようにしていくことです。話合い活動の経験が少ない子どもたちの場合は、特に丁寧に指導していきましょう。

二つ目は、子どもたちが学級づくりに関心をもつようにしていくことです。そのために、次の三つのことに取り組みます。

[子どもとのかかわりを大事にしていくこと]

子どもとのかかわりを大事にしながら、子ども一人ひとりがどういう思いで学級生活を送っているのかを知る必要があります。私は1章の「子どもの育ちを意識する」で紹介した三つのことを行っていきました（二六ページ～）。

【適切な助言をしていくこと】

子ども一人ひとりの思いがわかるようになれば、子どもたちに対して適切な助言をしていくことが可能になります。悩みに対してはその解決方法を一緒に考えるとか、学級に対しての思いであれば、それをどのように実現していったらよいかを一緒に考えるのです。それらのことを通して、子どもたちと担任とのつながりを強めていきます。

【個の課題を議題化すること】

子どもたちのもつ課題を学級の課題として練り上げるものとして、「集団の成長につながるもの」と「子ども自身が自らのよさを発見することのできるもの」があります。

集団の成長につながるもの

「集団の成長につながるもの」というのは、その活動によって、子どもの持ち味を生かすことができ、それらが学級集団の成長につながっていくと考えられるものです。それを取り上げることによって、それぞれの子どもにとって、どのようなかかわりをもつものかどうかを吟味することが大事です。また、それぞれの子どもが何らかの形で活躍する機会や場を用意します。

子ども自身が自らのよさを発見することのできるもの

個の課題を学級の課題として練り上げる活動には、そのことで子どもたちのよさが広がっていくことが期待できます。

子どもたちには、活動の過程を通して生まれた自らの変化を見つめさせ、それを自らの態度形成や意欲及び自身の育成につなげていくようにするのです。「自分はクラスの中でみんなのためになっている」「学級の仲間は自分の存在を認め大切にしてくれる」「自分はよさを生かして何らかの形で活躍できる」。そういう思いを一人ひとりの子どもたちに感じ取らせるようにしましょう。

三つ目は、「その気にさせる」ことです。単純に学級づくりにかかわるだけでは、「やらされた」という意識だけが残ることがあります。それを避けるためには、主体的に活動にかかわらせるようにすることが大事です。そのために、次のことを行います。

①子どものよさを生かすこと
②褒めること
③成功体験を積ませること

そのために有効な取組は、次に取り上げる「言い出しっぺ実行委員会システム」です。

【言い出しっぺ実行委員会システム】

この取組は、「何かをやりたい」と思った者が実行委員会を組織する方法です。「この指とまれ方式」とも呼ばれています。これは次のように行います。

①学級をよりよくするためにやりたいことを思いついた子どもが先生に申し出て、「実行委員会設立書」を書く。

②「実行委員募集ポスター」を描き、教室に貼る。同時に朝の会や帰りの会で、実行委員募集のお知らせをする。
③集まった実行委員で企画会議を開き、計画を立てる。
④企画書をつくり、学級会に提案する。
⑤学級会で出された意見をもとに企画書の見直しを行う。
⑥企画書をもとに、全員で準備をする。
⑦企画を実施する。
⑧実行委員で反省をし、実行委員会を解散する。

私が、これまでに取り組んできた実行委員会は次ページのようなものでした。

言い出しっぺ委員会システム

給食の
席替えが
したいです
じゃあ、
「給食席替え
実行委員会」を
つくろう！

集会やイベント活動系

・何でもパーティ実行委員会（3年）
・じまん大会実行委員会（4年）
・いろんなスポーツをしよう実行委員会（4年）
・さわのび杯実行委員会（6年）
・みんなで歌おう実行委員会（6年）
・特別サッカー大会実行委員会（5年）

学級づくり系

・給食席替え実行委員会（6年）
・学級の歌づくり実行委員会（3・6年）
・生き物のお世話実行委員会（3年）
・学級通信100号記念パーティ実行委員会（5・6年）
・卒業式100日前記念イベント実行委員会（6年）
・卒業実行委員会（6年）

授業や総合的な学習系

・オリジナル料理コンテスト実行委員会（5年）
・世界のファッションショー実行委員会（6年）
・戦後のくらし調査隊実行委員会（6年）
・たんけん実行委員会（2年）
・昔の遊び大会実行委員会（3年）

この取組は、子どもたちの意欲を高めるために効果的です。自分でやりたいと思ったことを実現できるわけですから、俄然、子どもたちは張り切ります。ただ、どんなことでも実行委員会として認めるか、というとそうではありません。それは、『子どもの自治の範囲を超えるものは認めない』ということです。

例えば、次のようなことにかかわる場合です。

○安全の保障

その実践を行うことによって、一人（みんな）の安全が保障されない状況が生まれる場合。

○金銭徴収・物品購入

その実践を行うために、金銭を徴収する必要が生まれる場合、もしくは、自分たちで何かを購入しなければならなくなる場合。

○教育課程の変更・学校の設備の使用

その実践を行うために、教育課程を変更しなければならなくなる場合（例：○月○日の○校時の国語の時間をイベント実施に変更する）や、学校の設備を使用しなければならない場合（例：そのイベント実施のために体育館を使用する）には、子どもたちに判断させるのではなく、教師が年間指導計画等をもとに適切に判断する。

○学校のきまり

その実践を行うために、学校のきまりを変更もしくは無視しなければならなくなる場合（例：学校の下校時刻は一六時一〇分と決められているのに、その実践が一六時三〇分までかかるなど）。

○校外生活

その実践をする場所が、学校を離れた場所で行わなければならない場合（例：学校の近くの運動公園でスポーツ大会を行う）には、担任が管理職ともよく相談し、きちんとした計画をもって実施に当たるようにする。

○人権

その実践を行うことが、ある子どもの人権を傷つけるおそれが生じる場合（例：一部の子どもが取り仕切る形になっていて、その他の子どもの自由がまったく認められないなど）。

「言い出しっぺ」の子どもがもってきた「実行委員会設立書」をよく読み、また、その子どもとよく話しながら、これらの視点から見て、実施したほうがよいのかどうかを考えます。

「言い出しっぺ実行委員会システム」は、普段、なかなかみんなの前に立つことのない子どもにスポットライトを当てる方法としても活用できます。手順①に「学級をよりよくするためにやりたいことを思いついた子どもが…」と書きましたが、「この子に○○をさせたい」という担任の思いがある場合には、その子どもに働きかけ、担任が一緒になって実行委員になるなどの手立てを講じながら、その実行委員をやり遂げられるようにサポートしていきます。

以前、A児という子を受け持ったことがあります。A児は、友達とのつきあい方が下手な子どもでした。私が受け持つ前、気に入らないことがあると、すぐに暴力をふるい、気が向かないと、授業中も席を離れ、教室内をうろつき、時にはフラッと教室から出ていくこともある子どもでした。

私が受け持ってからも、同じクラスの子どもたちは、できるだけA児とかかわらないようにしていたため、A児と友達の間の溝は深まるばかりでした。

A児はバドミントンが好きで得意だということを知っていた私は、A児に「バドミントン大会をやってみないか」と声をかけました。はじめはしぶっていたA児でしたが、「友達をつくりたい」と思っていたので、「やってみる」と言い出しました。

それから帰りの会で、自分が「バドミントン大会実行委員長」になったことを宣言し、仲間を集めました。しかし残念ながら、一緒にやろうと言ってくれた子どもは誰もいませんでした。そこで、私と一緒にバドミントン大会の計画を立て、実施していきました。

A児が一生懸命に学級会で提案する姿や、大会の本番で試合を取りまとめている姿を見ているうちに、他の子どもたちから「A児もけっこうやるじゃん」という声が聞かれるようになりました。バドミントン大会が終わってから、A児と他の子どもたちの距離は縮まったのです。

第 6 章

つなぐ

学級づくりでの取組の一つひとつがバラバラだと、その成果もバラバラになることが多くなります。そこで、六つ目のポイントとして「つなぐ」ということを取り上げました。学級づくりの様々な取組をつなぎ、ネットワーク化することによって、1＋1が3にも、4にもなるのです。

学級目標とつなぐ

四月に決めた学級目標、教室前面に貼られたまま、ただの飾りになっていませんか。そのような状態だと、学級目標がもつ本来の役割を果たしていないことになります。少なくとも、学級の子どもたちが、自分たちの学級目標を言えるようにしたいものです。そうすることではじめて子どもたちが「学級目標を目指す」ようになるのです。

そのためには、「学級目標を動かす」ことが必要です。学級目標が教室前面に貼られたままにしておかないことを、このように表現しました。具体的にどういう取組を行ったかを紹介します。

【学級通信のタイトルに使う】

その言葉どおり、学級通信のタイトルを学級目標にします。学級通信というものは、発行すれば保護者は必ず読みます。もちろん子どもも読みます。つまり、タイトルに学級目標を使うことで、学級目標がいつでも保護者や子どもたちの目に触れる場所にあるということになるのです。

学級目標というものは、「自分たちが目指しているゴール」です。自分たちがどこに向かおうとしているのかを、いつでも確認できるようにしておくことが大切です。学級目標を学級通信のタイトルにすることによって、そのことが可能になるのです。

学級目標をいろいろなものにつなげていく

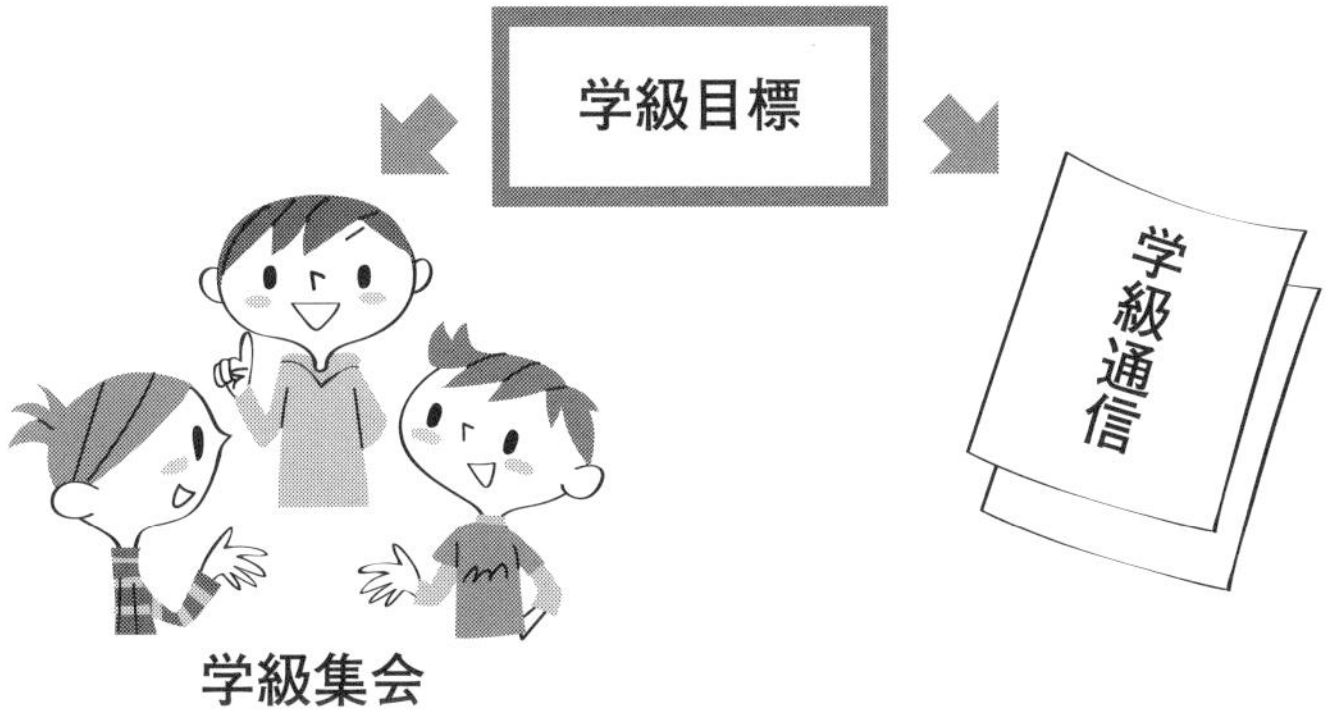

【学級集会などのネーミングにする】

例えば、お楽しみ会をするとします。学級目標が「スマイル」であるとすれば、「五年一組スマイルお楽しみ会」というようにします。学級目標は、自分たちが目指そうとしているゴールです。それを集会のタイトルにすることで、「自分たちがやろうとしているのは、ただのお楽しみ会ではないんだ。『スマイル』という目標を達成するために行うものなんだ」という意識をもたせることができるのです。

お楽しみ会だけではなく、学級会もそのネーミングを使います。「第七回学級会」ではなく、「第七回スマイル会議」というようにするのです。

【いろいろなめあてと振り返りに生かす】

学級目標は、自分たちが目指そうとしているゴールです。ですから、当然、いろいろなもののめあてになります。例えば、生徒指導部から「今月の生活のめあては『黙って掃除をしよう』です」というものが提示されたとしましょう。生徒指導部から出されたものを教師がそのまま子どもたちに説明するのではなく、子どもたちのアイディアを使ってアレンジさせるのです。

「今月の生活のめあては『黙って掃除をしよう』です。六年二組ではどういうことをがんばったらいいですか？」。

このように呼びかけることで、子どもたちから「僕たちの掃除の時間はふざける人がいます。学級目標のスマイルの『ル』は、ルールを守るとなっているので、『黙って掃除』を学級のルールにしたらいいと思います」というような意見が出てくるのです。

[褒めることに生かす]

例えば、帰りの会での「よいこと見つけ」の活動を行う時、次のようにします。「〇〇さんは、掃除の時間、一生懸命にやっていました」ではなく、「〇〇さんは、スマイルの『イ』、一生懸命を目指して掃除をしていました」という表現にします。このような見方は、子どもたちにすぐにできるものではありません。最初は教師が見本を見せてあげましょう。例えば、「算数の時間の、〇〇くんの発表のおかげで、みんながわかってスマイルの『ス』、すてきな笑顔になったね」というようなことです。

このように学級目標を振り返りの視点にすることで、子どもたちは、ますます学級目標を意識するようになります。

【生活課題を学級目標と照らし合わせて取り上げる】

子どもたちに生活のめあてを学期ごとに書かせる先生は多いと思います。その時、「では、二学期の生活のめあてを書きましょう」と声をかけていませんか。そうではなく、「学級目標のどれをしっかりやろうと思いますか」というように生活課題を意識させることが大切です。この場合、学級目標を具体的にかみ砕いておくことが大切です。「スマイルの『ス』の『すてきな笑顔』はどういう時にできるかな?」というように示して、子どもたちに学級目標の具体像を考えさせます。

学級目標が共通の目標として子どもたちに意識されると、確実に子どもたちの連帯感につながっていくのです。

話合いと生活をつなぐ

学級づくりで大切なことは、子どもたちに「自分たちの学級は自分たちでつくっていけるんだ」という思いをもたせることです。そのために「話合いと生活をつなぐ」ことが必要になってきます。これは、話合いを大切にし、自分たちの問題は自分たちで解決していく習慣を身につけさせることをねらいとしています。そのために、次の三つのことに取り組んでいきましょう。

【話合いのシステム（ハード面）を学級につくること】

話合いの仕方というのは、「わかるようでわかりにくい」とよく耳にします。学級会の進め方というのは、全国の学級担任の「共通の難所」ではないでしょうか。そこで、その原点に返って、手順を説明したいと思います。

まず、話合いを通して自分たちの学級をよりよくしていこうとするためには、話合い活動の手順を子どもたちが理解していないといけません。ハード面の理解です。そこで、その手順を丁寧に子どもたちに指導していくようにします。話合いの手順は次のとおりです。

話合いの手順

①議題を集める

▼

②議題を決める

▼

③計画委員会を開く

①議題を集める

まず、議題を集めることから考えます。議題を集めるには、大きく二つの方法が考えられます。

一つは、「ポスト」を使って集める方法です。しかし、単純にポストを置いておくだけでは議題は集まりません。そこで、ポストを工夫します。私の場合は、「こまったポスト」

「やってみようポスト」「工夫ポスト」というように、三種類のポストを準備したことがあります。低学年の子どもたちには、議題カードを色分けし、赤は集会関係、青は係関係、黄は遊びや生活関係などを書くように指導するのも有効です。

この場合、事前に議題の書き方を教えることが大切です。例えば、「やってほしいこと（要望）」「やってみたいこと（願望）」「こうなるといいこと（希望）」というように、どのようなことを書いたらよいかを教え、学級全員に書かせる練習をしていくのです。

二つ目の方法は、ポストだけに頼らず議題を集める場を広げるということです。例えば、次のような場で議題のもとになるものを探します。

○学級日誌や個人の日記から
○朝の会・帰りの会で話題になったことから
○遊びの中（休み時間）の子どもたちの声（つぶやき）から
○係活動や当番活動の中から
○掃除や給食の子どもの訴えから
○他のクラスの活動や児童会の活動の中から

このような中から、学級の問題になりそうなことが見えてきます。それを丁寧に取り上げるようにします。その際、子どもとのふれあいを増やすことが大切です。放課後や給食の時間など、自由に語り合える時間をもったり、教師への相談を丁寧に聞き取ったり、解決方法を子どもと一緒に考えたりします。

議題を意識させるために、学級会コーナーをつくることも大切です。そこには、「学級会活動の流れ」と「議題処理コーナー」を設置します。学級会がどのように進められていくのか、出された議題がどのように処理されたのか、子どもたち全員がわかるようにしておくことが大切です。

②議題を決める

議題が複数集まったら、その中からどの順番で話合いをするのかを決める必要があります。その順番は、次の六つの視点で決めます。

《課題性》　その実践が学級生活をよりよく、楽しくできることにつながるのかどうか。

議題選定カード

学校生活をよりよく						
みんなの問題						
急いで解決						
具体的に実行						
創意・工夫						
自分たちで決定						

《相互性・協同性》その実践が学級の問題を解決することにつながり、また、みんなに関係があるかどうか。

《緊急性》その実践は、急いで実施しなければならないかどうか。

《現実性》その実践計画は、決めたことを具体的に実行できるかどうか。

《創造性》その実践の内容は、自分たちで創意・工夫ができるものかどうか。

《自治性》その実践は子どもたちの自治の範囲を超えるものでないかどうか。


計画委員会で、上のような「議題選定カード」を準備しておき、それに集まった議題を書き込みながら順番を決めていきます。その際、5章で紹介した「子どもの自治の範囲」を押さえることが大切です。

また、議題を決める場合、議題の裏に潜んでいる学級の実態を把握することも大切です。例えば、ある子どもが「お楽しみ会をしたい」という議題を出したとしましょう。その子は、なぜ、その議題を出したのでしょうか。もちろん、単純に「お楽しみ会をしたいから」という理由かもしれません。そこで、具体化していくために、提案した子どもと話し合って、次のことを確かめます。

○今、何が問題なのか（具体化）

その子どもは、学級のどういう問題を解決したいと思って、この議題を出したのでしょうか。提案した子どもとの話合いから読み取ります。例えば、「今、学級の中が楽しくないので、それを解決したい」といった意見が出てきます。

○なぜ、それが問題なのか（理由）

なぜ、そのことが問題なのでしょう。その子どもにとっての理由を明らかにします。例えば、「学級には楽しいことがあるべきなのに、そういうことが何もないから」といった意見が出てきます。

○どうしてその問題が起こったのか（原因）

そのような状況になったのには何か原因があるのでしょうか。例えば、「これまでは係活動で楽しいイベントがあったのに、最近はマンネリ化して楽しい企画が出なくなった」

といった意見が出てきます。

このような、提案の裏にある学級の問題を明らかにすることによって、どのような話合いを行えばよいかが明確になるのです。

③計画委員会を開く

議題が決まったら、計画委員会を開きます。そこで行うことは二つです。

《ねらいのはっきりした提案理由をつくる》

学級会で議題を提案する場合、その理由が必要になってきます。議題のもつ問題点を明確にして、学級の子どもたち全員に知らせるのです。先に、提案者の子どもと話し合い、明らかになった提案の裏にある学級の問題を計画委員会の子どもたちに知らせます。そして、次のことを考えさせます。

○実態はどうなのか（実態、現状）

そのことについて現状はどうなのか、計画委員会の子どもたちで意見を交換して考えさせます。例えば、「以前は休み時間にも係活動ができていたけど、他にしなければいけないことが多くなって休み時間が使えなくなった」といった意見が出てきます。

○この問題をどうしたらいいのか（解決への見通し）

その問題を解決するにはどうしたらよいのか、計画委員会の子どもたちと話し合って、今後の見通しを立てます。例えば、「休み時間が使えなくなったので、どこかで係が活動しやすい時間を確保する」「提案者の言う『お楽しみ会』を係主体のものにする」といった意見が出てきます。

《話合いの計画を立てる》

話合いの計画を立てるために、まず、話し合うことを洗い出します。これが話合いの柱になります。話合いの柱は、時間の制限を考慮すると二つ程度に絞るのがよいでしょう（多くても三つ）。柱にしないものは、計画委員か係にまかせます。絞るための規準は、「何を話し合わなければいけないか（課題性）」と「みんなの知恵を借りたいのはどこか」の二つです。

次に、話合いの計画書づくりをします。ここでは「柱ごとにどのくらいの時間をかけるか」「どういう方向で進めていけばよいか」「誰の意見を取り上げるか」などをよく相談しておきます。

○「話合いの柱」は、最も意見が出そうな柱を最初にもっていくようにし、各柱のおよその時間配分を決めておくことも大切です。

○「話合いの方向」は、計画委員会で考えた「解決の見通し」をもとに考えます。

○「意見の取り上げ方」は、学級会ノートに目を通させておきます。そして、次のことを確認していきます。

・みんながどのような意見をもっているのか。

・解決の見通しをもとに、誰の意見を出させると効率よく話合いが進むか。

・よりよい方向に話合いを進めるために、どの意見を絡ませるとよいか。

計画委員会の子どもたちには、会の進行に有効な意見をメモするように指示します。教師としては、発表してもらいたい意見には、赤ペンなどで励ましの言葉を書いておきます。

【話合いのシステム（ソフト面）を学級に育てること】

ハード面と同様に大事なものが、話合いのソフト面です。どのように話合いを進めていけばよいのかを指導していく必要があります。その中で大事なことは次のとおりです。

話合いで大事なこと

①
多くの子どもに
発言させる

＋

②
みんなが納得する
結論につなぐ

＋

③
問題を解決する
経験を多く
味わわせる

①多くの子どもに発言させる

よい話合いにしていくには、できるだけ多くの子どもが話合いにかかわれるようにする必要があります。そのために次のような方法があります。

○オリジナル議題づくりをする

多くの子どもが発言するためには、どの子どもにとっても話し合うことがはっきりしている議題である必要があります。先に述べた「ねらいのはっきりした提案理由」ということが大切です。また、どこのクラスでも通用する議題ではなく、自分の学級ならではの議題、自分の学級でしかない議題づくりに取り組んでみることも大切です。「ドッジボール大会をしよう」では、その目的がはっきりしていません。そこで、「みんながボールに触れるドッジボール大会にしよう」とします。「お楽しみ会をしよう」では、どのようなお楽しみ会にしたらよいのか絞りにくいでしょう。そこで、「みんなのよさを発揮できるお楽しみ会をしよう」というようにするのです。

○計画書（企画書）で関心を高める

話合いでは、事前にどういうことを議題とするか知っておくことも大切です。そこで、計画書（企画書）ができたら、教室のどこかに掲示しておき、子どもたちに見ておくように指示します。子どもたちの意識を話合いに向けるようにするのです。また、休み時間でも、「今度の○○についての話合いで、学級がきっと楽しくなるだろうね」というように声かけをして、その話合いで、どう学級が変わるかをイメージできるようにします。

○学級会グッズを使う

低学年では、学級会グッズを使うことも有効です。例えば、話合いの途中に黒板に貼るマークです。「賛成マーク・反対マーク・決定マーク」などを使います。学級のマークがあれば、それをモチーフにしてグッズをつくれば、子どもたちにとって身近なものになるでしょう。

○考える時間やヒントを与える

話合いの途中で考える時間を与えることも有効です。例えば、「学級会ノートを見てみましょう」「近くの人と三分間話し合ってみましょう」というような助言をするのです。このことは「自分の考えを見つめ直す時間」にもなります。また、「提案理由に返る」ことも大事なヒントになります。そのことによって何を話し合わなければいけ

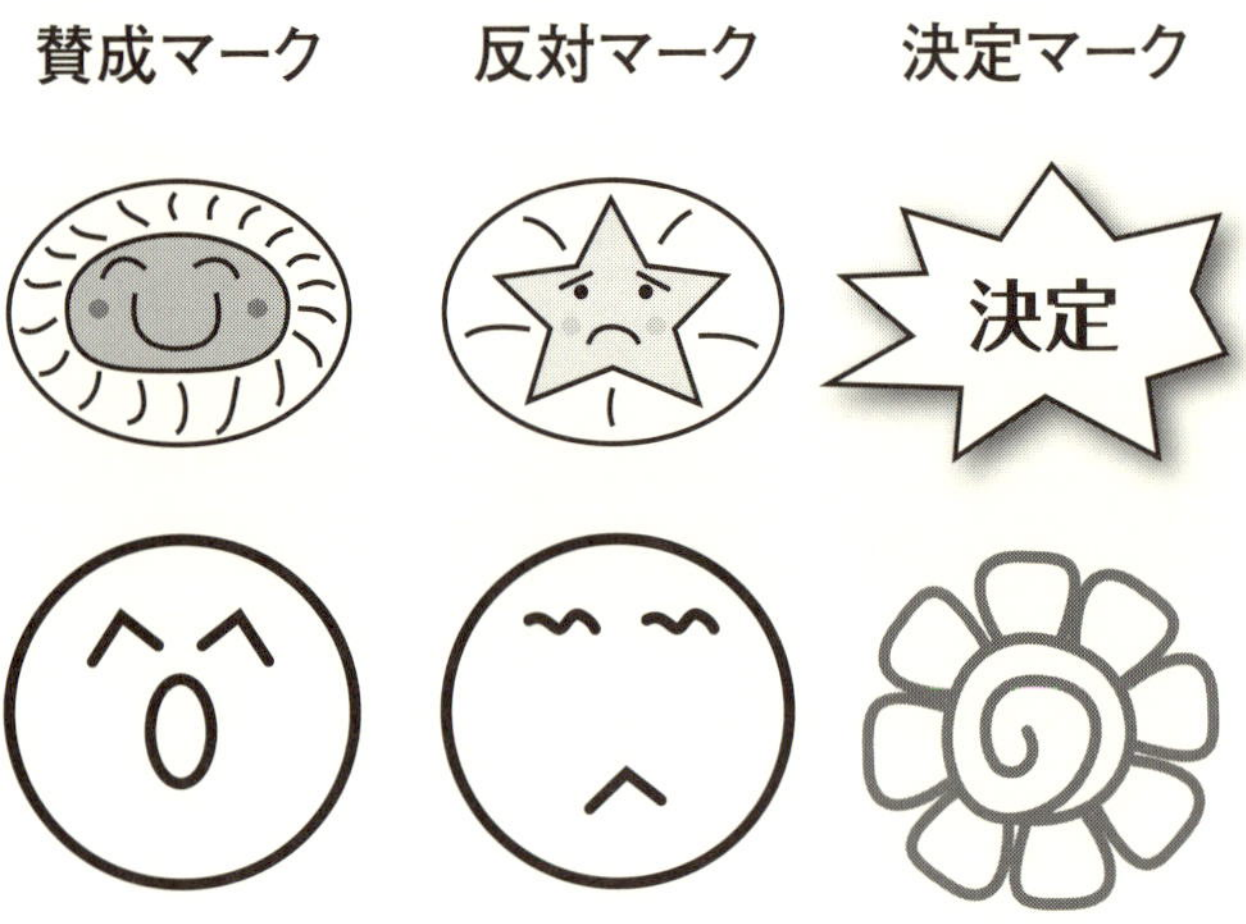

ないか、どう決めないといけないかが見えてきます。

○司会者への助言

司会者への助言は、「お助けカード」を使用します。これは、「近くの人と話し合わせましょう」「めあてに返って考えさせましょう」というような助言のパターンが書かれているものです。教師からは、この助言カードに従って指示すると、話合いの流れを切れずに進めることができます。

また、フォロアーからの意見も言えるようにしておくことが大切です。「近くの人と相談させてください」「賛成・反対だけではなく、その理由も言ってもらったほうがいいと思います」というように、フォロアーとして、司会者をどのようにしたら助けられるかを経験させることが大切です。

②みんなが納得する結論につなぐ

一部の人間の考えで話合いが進んでいくということが続くと、子どもたちは、いつしか自分の意見を言わなくなります。そうさせないためにも、折り合いのつけ方を学ばせていくことが大切になってきます。

ちなみに「折り合い」というのは、國學院大學の宮川八岐先生によると、「私の意見は通らなかったけど、みんなの言うことには納得できたから、決まったことには気持ちよく従おう」というものだそうです。

○いろいろな意見があることを理解させる

自分の身の回りには、いろいろな意見をもっている人がいることを知らせる必要があります。例えば、次のような言葉をかけます。

「**今から先生が五つの食べ物を黒板に書きます**」。
「**その中から、好きな食べ物を一つ、嫌いな食べ物を一つノートに書きなさい**」。
「**それぞれに、その理由も書きなさい**」。

このようにして、一人ひとりが選んだものを理由とともに発表させます。このことを通して、同じ食べ物の中でも、好きな人と嫌いな人がいて、その人なりの理由があることを理解させます。自分とは違った考えをもった人がいるので、ただ自分の考えを言い合っているだけでは何もできないということを教えるのです。ここでは、食べ物を取り上げましたが、遊びでも行うことができます。

○みんなで決めることの重さを理解させる

「みんなで決める」ということはどういうことかを理解させます。「みんなで決める」に至るまでには、賛成意見も反対意見もあります。つまり、一つの活動（やり方）を全員が賛成したから決まったというわけではないのです。本当はやりたくないと思っている子どももいることを理解しながら考える習慣を身につけさせましょう。

そのやり方には賛成できないけど、自分たちの学級をよりよくしたいという気持ちは全員が同じものをもっているのです。そのことを前提に話合いが行われていることを理解させます。そして「人を区別しないで、誰の意見もきちんと聞くこと」や「自分の意見と比べながら聞くこと」という話合いのルールをきちんと守る必要があることを教えます。「話合い」というのは、勝ち負けではなく、数の理論で相手をねじ伏せるやり方でもなく、一人でも多くの人が納得したり、一人でも多くの人の考えが生かされたりして、考えを見つける時間であることを理解させる必要があります。

○みんなもよく、自分もよい方法を見つける

「みんなで決める」ということの前提には、みんながよりよい学級になることを望んでいるということがあります。そのため、考え方は人の数だけあるわけですから、提案された方法について賛否両論あることは仕方のないことです。ですから、話合いを通して「みんなも自分もよい方法を見つける」必要があるということです。そういう意味で、安易な多数決は避けなければいけません。

では、どうしたら「みんなも自分もよい方法を見つける」ことができるのでしょうか。

《折衷案》

異なる意見が出た場合、その中間を取るという方法です。例えば、「ドッジボール大会をしよう」という議題で、そのルールを決める話合いをしている時、次のようなことがありました。

「ドッジボールは一人でも多くの相手を当てて勝つのがルールなので、ボールを取った人が投げたほうがいいと思います」。

「みんなが仲よくなるためにドッジボールをするんだから、自分でボールを取れない人にボールを渡して投げさせたらいいと思います」。

ボールは取った人が投げるのか、自分で取れない人に渡して投げさせるのかで意見が対立しました。そこで、出された意見が、次のようなものでした。

「全員が一回はボールを投げられるようにするために、自分で取れない人に一回は渡して投げられるようにするというルールはどうですか」。

この方法は、互いのよいところを生かして新しいものをつくるというよさがありますが、子どもたちは、安易に折衷案を考えようとするので、そこに注意しなければいけません。

《似た意見をまとめる》

いくつかの意見が出た場合、似ている意見をまとめるという方法です。「お楽しみ会を考えよう」という議題で、そこで遊ぶ内容を話し合っている時、次のようなことがありました。

「トランプ」「サッカー」「おにごっこ」「カード選び」…

遊ぶものがそれぞれ出され、提案者が自分の出した遊びのよさを主張してまとまらない時、次のような意見が出されました。

「外で遊ぶものと教室で遊ぶものにまとめられると思うので、それぞれ二つずつに決めたらどうですか」。

この方法は、複数の意見が出され、それぞれの主張が折り合わない時に使えますが、子どもたちの中には、「なんでもまとめてしまえばいい」という考えで進める子どもが出てくるので、その点には注意しましょう。

《条件つき賛成》

「〜するなら（しないなら）賛成」というように、ある条件をつけて賛成するという方法です。「二学期のお楽しみ会」について話し合っていた時、「スポーツにするか出し物の発表にするか」という対立があった場面です。「スポーツ推進派」が「練習時間をきちんととってくれるなら賛成します」という意見を出しました。

これは、いくつかの中から選ぶ話合いから練り上げる話合いへの転換を意味しているものです。

○他人のための行為を広げる

実生活の場面では、他人のために行為する子どもが少なからずいるものです。それを子どもたち全員に広げていきましょう。例えば、「A君は、ドッジボールのグループ分けの時、みんなのことを考えた意見を出してくれていたね」「Bさんは、バスケットボール大会の時、失敗した友達に『大丈夫だよ』って合図を送っていたね」というように言葉をかけていくのです。

「折り合いをつける」というのは、相手のことを考えた言動ができることをねらいとしています。他人のための行為とは、すなわち心遣いです。ちょっとしたことかもしれませんが、そのような雰囲気を、学級につくっていくことが、話合いで折り合いをつける雰囲気をつくっていくことになるのです。

③問題を解決する経験を多く味わわせる

行事への取組やイベント活動は話合いを通してつくり上げていくようにします。そのことによって、学級がよりよい方向へ変わっていく経験を味わわせるのです。学級の問題を解決するためにも、できる限り話合いを行うようにします。

話合いを重ね、子どもたちが育ってくると、生活上の問題や人間関係上の問題も話合いで解決できるようになります。

失敗をつなぐ

最近の子どもたちは失敗することを嫌います。しかし、実際には常に成功し続けるほうが難しいでしょう。「失敗しないように…」ということを考えて行うと、どうしても活動が縮小化してしまいます。子どもたちには、ぜひ多くの失敗を体験させたいものです。とは言っても、失敗させっぱなしではいけません。やはり、失敗することは子どもたちの心に傷を残します。

そのため、失敗は次へのステップになることを、子どもたちに意識させることが大切です。「あ～、失敗してしまった…」と落ち込むだけだったら、次への発展は望めません。失敗したということは、その部分を工夫・改善すれば、次の実践がうまくいくということだととらえ、うまくなる機会を与えられたと考えさせるのです。例えば、トラブルは次へのチャンスになるということで、子どもたちには「トラブルチャンス」と言って、失敗のつなぎ方を教えていきます。

そのために一番大切なことが、教師による評価と子どもたちの振り返りです。

話合い活動の場合、終わった後に、話合いでよかったことを認め合うという振り返りの機会をつくります。「意見の出し方」「折り合いの付け方」「結論の出し方」「司会の進め方」などを、目指す子ども像と照らし合わせて振り返らせるのです。学級会ノートで振り返らせるというのが一般的です。

実践する場合、「集会のめあての達成度」「一人ひとりの役割分担」「協力・支え合い」「話合い・事前準備」「当日の動き」などを、「うまくいったこと」と「うまくいかなかったこと」に分けて振り返らせます。一般的には、言語活動の充実という点から、一言感想を書かせるなどがよく使われています。

これらの振り返りを行った後、「よかったこと、うまくいったこと」については、教師から「できるようになったことの価値づけ」を忘れないようにしてあげることが大切です。また、「うまくいかなかったこと」については、どうしてうまくいかなかったのか、その振り返りをした子どもや担当の子どもたちとしっかり話し合っておくことが大切です。

子どもと子どもをつなぐ

学級は、たくさんの子どもたちの集合体です。そのため、学級づくりには、そこに存在する子ども同士の人間関係を強固なものにしていくことが大切になってきます。そのためには次の三つのことがポイントになります。

【子ども同士を開くこと】

学級は「群れ」からスタートします。それを「準拠集団」（体だけではなく、心の居場所がある集団）へと高めていく必要があります。「群れ」の状態の子どもたちは、周りにいるクラスメイトが自分の仲間なのか、自分にどういう影響を与えるのかなど、試しの行為を行いながら観察し、生活しています。人間関係を構築していくための初期段階です。本来なら、これらのことを自分で行っていくことが必要なのですが、最近は、人間関係をつくることに苦手意識をもつ子どもが増えてきました。

そこで、そのサポートが必要になってきたため、私は『子ども同士を知り合いにする』ということを考えました。その方法として取り組んだのが、「何でも言える学級の雰囲気づくり」です。つまり、「僕の考えは普通なんだ」「Aさんはそんなふうに考えているんだ」というように、お互いの思いを知るようにすることです。その手立てとして取り組んだ「思いきり座談会」「子ども通信」「回るノート」の三つを紹介します。

思いきり座談会

「朝のスピーチ」につなげる取組として考えたものです。あるテーマを設けて自由に意見を交換し合う会です。次のような手順で行います。

ア　次のテーマを背面黒板に書くなどして、予告し

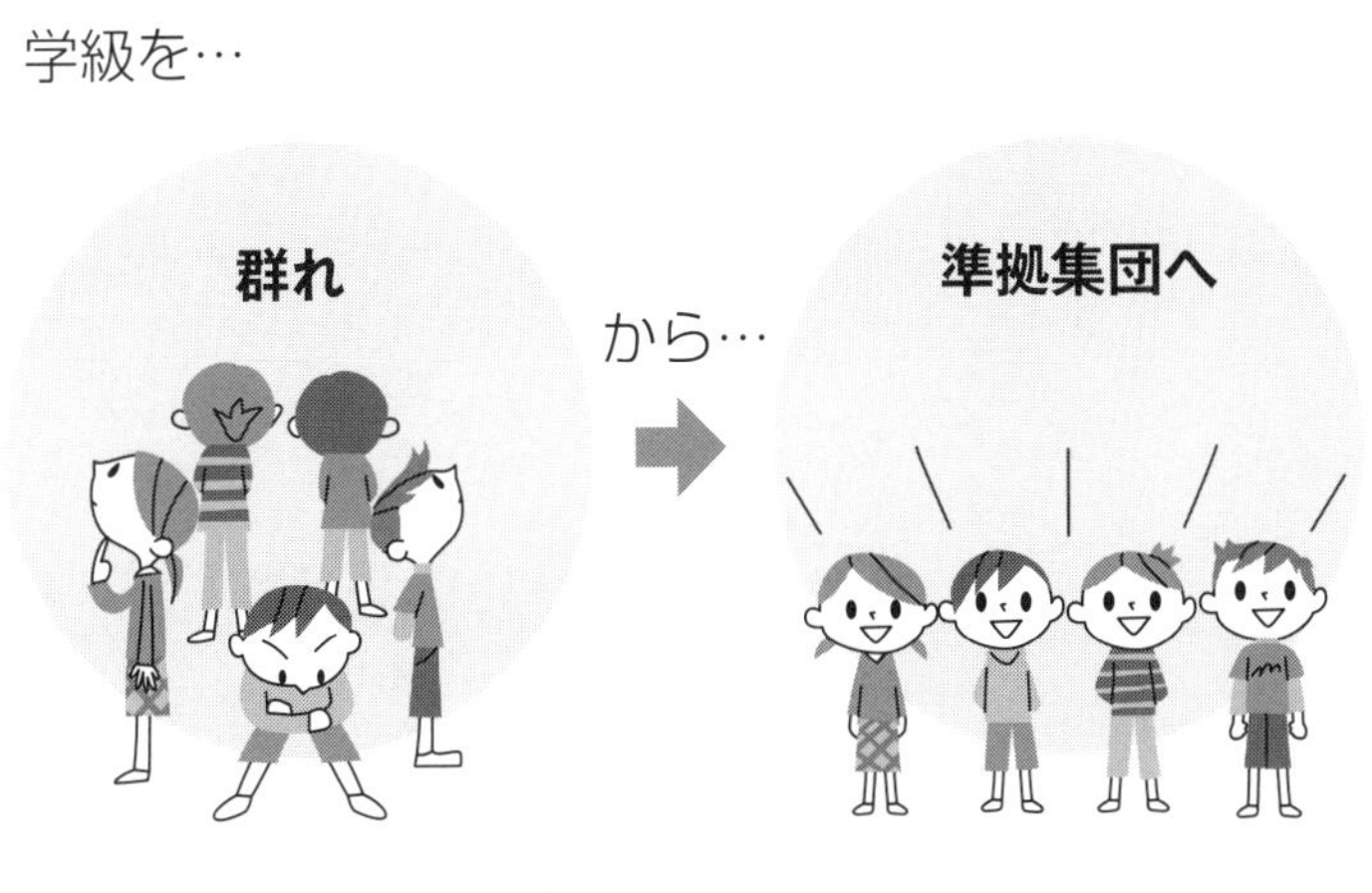

ておく。

※テーマは「マンガ」「テレビ」「宿題」など、子どもたちの生活に密着したもの。

イ そのテーマについて、列を指名して自由に発言させる。

※発言にはパスを認める。

ウ 発言されたことを教師が整理し、それらに発言をつないでいく。指名は、教師が行う。

※発言されたことから子どもたちが話しやすい内容を選び、子どもたちに再び返す。例えば、「テレビ」をテーマにした時の自由発言で、「九時以降はテレビを見せてもらえません」「食事の時間はテレビを消します」「テレビを見るのが楽しみです」などの発言があった場合、「テレビのよいところ・悪いところは?」というように整理して次の話題をつないでいきます。朝の会の一〇分程度で行います。

子ども通信

子どもたちが毎日書いてくる日記には、いろいろな思いが書かれています。一人の子どもの思いを紹介し、それについてどう考えるかを「子ども通信」として書かせるのです。

テーマ例

・私が知ってるおもしろ情報　・すごいなと思ったこと
・今困っていること　・私のあこがれ　・私の大、大、大発見
・私に一言言わせてください　・ミスコンテスト（失敗談）
・やめられない、とまらない　・たからもの　・アイアムラッキー
・ふしぎだなぁと思っていること　・つくってみたい料理
・私の夢、ユメ物語　・これはお薦め!　・○○の秋
・とっておきシリーズ　・プチシリーズなど

一人ひとりの思いを共有することは、学級の仲間としての意識を高めることにもつながります。このことは、学級の準拠集団化に大きな意味があるのです。

回るノート

子ども通信のノート版です。テーマを決めて、そのテーマに沿って一人ずつが意見を書いていくものです。保護者に回して書いてもらったこともあります。

主なテーマ例は、上のものがあげられます。

【話合いのシステムが存在していること】

「話合いと生活をつなぐ」で紹介しましたが、大切なことは子どもたちに「自分たちの学級は自分たちでつくっていけるんだ」という思いをもたせることです。

【学級活動の特質を理解して活動を仕組むこと】

子どもと子どもをつなぐ授業と言えば、やはり学級活動の時間でしょう。学級活動の時間は、子どもたちが自分の学級をよりよくするために話合いを中心にした活動を行う時間です。私は、そのような学級活動の特質を正しくとらえる必要があると思っています。学級活動の特質をどうとらえるか、北九州市の大庭正美先生から、次のように教わりました。

感情の交流を生み出す場

話合いは言葉による論理的なやりとりとともに感情の交流の場でもある。子どもたちの感情の交流が行われる場として学級活動をとらえることで、子ども同士の人間関係をより強固なものにしていくことができる。

一人ひとりを『多面体』にする多様な実践活動の場

学級活動で多様な内容の活動経験を積み重ねることで、一人ひとりが『多面体』になっていく。一人ひとりが多面体になることで、違った見方ができるようになり、子ども同士に新たなつながりをつくり出すことができる。

好ましい人間関係づくりが工夫できる場

現在の子どもたちはかつての子どもたち以上に他人との交流体験が不足している。好ましい人間関係づくりの改善の方策といっても、それにかかわる豊富な経験がないわけなので、多様なアイディアは出てこないだろう。学級活動では、そのための工夫が多様にできると考えられる。

このようにとらえることで、私たちの学級活動の指導が変わってくると考えます。

教師と子どもをつなぐ

子ども同士はもちろんですが、教師と子どもの人間関係をつくっていくことも学級づくりではとても意味があります。これは、教師と子どもの間に信頼関係を築くということです。ここでは、『演出』と『誠実さ』がポイントです。

演出とは、例えば「語りの場を設ける」「場の設定」「教育的な関係を築く」などです。

【語りの場を設ける】

「語り」とは、子どもとの距離を縮めるために必要なものです。教師は、子どもたちを指導するために「語り」ます。その時、演出した「語り」が必要になります。例えば、朝の会の「先生の話」の中で、教師自身の考えや思いを一日一つだけ語る時間を取るというのはどうでしょう。昨日の出来事、子どもたちの様子、テレビで見た話題、自分が経験したことを例にして、教師の考えや思いを語るのです。その際、教師として、子どもたちに期待する姿も語るようにしましょう。

【場の設定】

教師と子どもをつなぐ場の設定とは、信頼関係をつくることです。子どもたちは、どういう時に、教師に信頼感を抱くのでしょうか。それは、子どもたちが、教師から信頼されていると感じた時です。そのための場とは、子どもと話をする場であり、相談にのる場です。子どもと話をすることで、今どういう問題があるのか、一人ひとりの子どもがどういう思いをもっているのかがわかります。そして、その思いに真剣に応えようとします。その場こそ、子どもたちとの信頼関係がつくられる場となるのです。

【教育的な関係を築く】

教師と子どもは信頼関係で結ばれていないといけませんが、それは同じ立場ではないことを忘れてはいけません。教師には、一種のカリスマ性も必要なのです。子どもたちに「さすが、先生だ」と思わせることが信頼につながります。教科の指導でもよいし、趣味の世界でもよいでしょう。学級づくりの中核にできるものを身につけられたらベストです。

誠実さとは、本気で子どもと向き合えるということです。子どもから相談を受けた時には、親身になって応えたいものです。横浜の松永昌幸先生は、誠実さを「響き合う対話をする」「存在感を尊重する」「子どもへの関心を寄せる」ことだと言っています。

○響き合う対話をする

・子どもとの親しい対話の中でも、家族の事情などの立ち入った質問は控える。

・子どもの気持ちや子どもの求めていることを大事に受けとめ、明るく肯定的に話し合う。

・子どもの関心や気持ちの動揺をきめ細かに受けとめ、交流が深まるように話す。

○存在感を尊重する

・子どもが役割を果たした時や学習の小さな成果も見逃さず褒める。

・他の先生方から子どものよいところを聞き、進んで認め励まし、自信をつける。

・がんばればできる仕事や問題を「まかせるぞ」と信頼の声をかけてやらせる。

○子どもへの関心をよせる

・廊下などでふと出会った時、その子どもに気軽に励ましの声をかける。

・その日の子どもの様子を見て、健康や学習の悩みに気づかって声をかける。

・子どものおもしろかった話題や楽しい話題に耳を傾けて喜び合う。

私も、このような対応を心がけていきました。すると、教師と子どもの距離がぐっと近づいていくのが感じられるのです。

教師と子どもをつなぐ時に大切にしたいことがあります。それは、教師が「自分を開く」ということです。コミュニケーションというのはお互いの心が開き合ってはじめて成立するものです。教師自身を開くことによって、子どもたちも心を開いてくれるようになるのです。いわゆる自己開示というものです。私の場合、例えば「子どもたちに夢や失敗談を語る」「いつも笑顔やユーモアをもって接する」「子どもたちと元気に遊ぶ」といったことを行うことで、自分を開くようにしてきました。

子どもと教師の
信頼関係を築くには…

第　7　章

仕掛ける

学級づくりは教育活動です。それは意図的・計画的に進められなければなりません。そのために、子どもたちが動き出せるように学級を「耕す」ことと、子どもたちの自主的な動きを促すように「仕掛ける」ことが大切です。

耕す

上越教育大学の橋本定男先生から、「仕掛ける」ためには「耕す」ことが前提であると教わりました。「耕す」とは、期待する動き・活動を子どもが発意するように促す状況・環境をつくることです。

①やりたいことをやろうと言える（全体に対して）。
②やろうと言うと応える（指示する）人がいる。
③やりたいことを実際にやれる。そして満足できる。

このような状況を学級につくり出すことを目指します。「〜をやりたい」という思いは、ほとんどの子どもがもっています。しかし、それが学級づくりにプラスに働くものかどうかを考える必要があります。子どもたちからそういう思いが出された場合、まず、「学級のみんな・だれかにとってよいことか」という視点で検討します。これは、子どもの「やりたいこと」を「学級の成長」につなぐために必要なのです。

子どもたちから「〜をやりたい」という声を出させるために、二つの方法をとります。

第一段階：教師から様々な「楽しい活動」を提案する

子どものやりたいことは、子どもの体験に限定されるため、経験のない子どもたちからは「やりたいこと」が出てこない可能性があります。私は、新学期がはじまると、四月は徹底して「楽しい活動」を提案してきました。教師が提案した活動に取り組む中で、「この学級では楽しいことがやれる」という雰囲気をつくり、また「自分にもやれるかもしれない」という思いを高めていくのです。

第二段階：子どもがやりたいと言ったことを全力で支える

5章で紹介した「子どもの自治の範囲を超えるもの」の視点から見て、これは実現可能だ、これは学級の成長につながる、と判断できたものには本気でかかわっていきます。「やりたいこと」を実際に行うという活動を通して、活動することの喜びを体験させま

私が考える発想力

学級での問題を発見する力／学級をよりよくする思いを表現する力／何をするべきか正しく判断する力／必要な情報を収集し、それらを処理する力／学級の状況を詳しく観察する力／比較して検討する力／新しいものを創り出す力／よりよい学級を目指して企画する力／正当に批判する力／計画を実行する力／関係を把握する力　など

す。また、友達とかかわり合う中で「個のよさが光る」ようになります。教師は、活動の中に見える子どものよさを取り上げ、それを期待する姿として紹介していきます。その子どもに対してはよさを強化することとなり、他に対してはよいモデルを示すということになるのです。

このようにして、「よりよい学級をつくることは、自分たちの工夫次第で可能になる」という風土が耕されていきます。また、学級の中に「自分たちで考えたことはみんなの支持を得ることで実現できる」という雰囲気をつくることができるのです。

「耕す」にはもう一つ大事なことがあります。それは、子どもたちの発想力を鍛えるということです。これは、主に教科の学習を通して行ってきました。私は、発想力を具体的に上のような力だと考えています。

このような力を育てるために、次のようなことに取り組んできました。

ア　思考のパターンを経験させる（各教科等の授業で意図的に取り組み、理解させる）。

※「今までどう考えたかな？」「こう考えたらわかるかもしれない」といった思考。

※例えば、「理科」では、思考力を対象に働きかける視点として、「比較しながら（三年）」「関係付けながら（四年）」「条件に目を向けながら（五年）」「推論しながら（六年）」と表現されています。

イ　解決への切実な要求をもたせる。

ウ　既知を応用させて考える習慣をつけさせる。

エ　関係ある語を並べる習慣をつけさせる（ウェビング法など）。

オ　対立・矛盾を感じる課題に遭遇させる。

カ　ディスカッションを楽しむ学級にする。

キ　子どもの突飛な考えや発表（間違ったもの）も認める（笑わない）雰囲気をつくる。

ク　評価によって思考を深めさせる。

これらを各教科等の学習で意図的に取り上げていく場（訓練する場）を設定するようにします。授業だけではなく、朝学の時間や家庭学習でも取り上げていくと効果的です。

仕掛ける

「仕掛ける」とは、期待する活動が生まれるように手を打つことです。すなわち、「一人ひとりがよさを発揮する動き・活動」が生まれそうだという見通しの立つ学級全体の活動のネタ・題材が生まれてくるように働きかけることです。そのためには、次のような仕掛けを行います。

○子どもたちがやる気をもって自ら動き出そうとする仕掛け
○生活づくりを楽しくやりがいがあると感じさせる仕掛け
○子どもたち同士がつながり合うのを助ける仕掛け
○先生（たち）にまかせてもらって（期待されて）いると感じさせる仕掛け
○自分たちの力で自分たちの学級をよりよくできると感じさせる仕掛け

具体的な方法として、次のような取組を行いました。

【言い出しっぺ実行委員会～子どもとかかわる】

言い出しっぺ実行委員会については、5章の「巻き込む」で紹介しました。その実践の過程で、子どもがかかわる場をつくるということが大切です。子どもたちをかかわらせる中で、子どもたちに動きを起こさせることができます。実行委員会を立ち上げる場面でのかかわり、実行委員会で活動する場面でのかかわり、その活動が行われる場面でのかかわりなどが考えられます。このようにかかわる場を仕組むことが大切です。

【ネーミングを工夫する】

ネーミングを工夫することも大切な視点です。例えば係活動のネーミングですが、「○○係」より「○○株式会社」のほうが子どもたちは意欲的になるでしょう。イベント活動も、○○大会の前に「第一回」と付け加えるだけで盛り上がりが変わってきます。このように、目先を変えことによって、子どもたちの発想を豊かにすることができる仕掛けが大切です。

［事件を起こす］

ドッジボール使用禁止事件

以前、ドッジボールで使用したボールが運動場に置き忘れていたことが三日間続きました。その時に「ドッジボール使用禁止令」が生徒指導部から出されたと示し、どのように解決したらよいかを話合いで解決しました。

理科室使用禁止事件

理科室の掃除を担当していた時、掃除の仕方が悪くて、理科主任の先生からお叱りを受けました。その時、子どもたちに示したのが「理科室使用禁止令」でした。なぜ使用禁止令が出たかを考えさせ、その担当の子どもだけではなくて、学級の問題とし

事件を起こす
[ドッジボール使用禁止令]
・ドッジボールができるようになるためには…
片付けの当番を決めよう
ポスターをつくろう

て解決策を話し合いました。

【手紙が届く】

「学校ピカピカ係」がボランティア活動の一環として、正門を掃除してくれました。それを職員室から見ていた校長先生は、私に「ぜひ彼らを褒めてほしい」と言われました。私は、校長先生にお願いをして、「学級ピカピカ係」宛に電報を打ってもらいました。私から褒めるより、校長先生から褒めてもらったほうが効果的だと考えたからです。

また、市の合唱コンクールに学級で参加して賞をもらった時のこと、たまたま私の友人が見に来てくれました。そこで、その友人にお願いして、学級宛てに祝文を出してもらいました。

このように、普段あまりかかわりのない人から手紙などを受け取るということは、子どもたちが動き出す大きなきっかけになり得るのです。

学級経営案を書く

学級経営案は「学級づくりの設計図」です。これは、仕掛けのもとになるので、学級づくりで最も大切にしましょう。その手順は次のとおりです。

【夢の経営案】

四月、学級担任が発表する時に「その学級でやりたいこと」を自由に書いてみます。もちろん、子どもの様子など何も知りません。ですから、純粋に自分のやりたいことが書けるのです。これは、学級づくりの鮮明な見通しをもつためにもぜひやってほしいことです。

具体的な子どもたちのイメージとして「○○できる子ども」「○○な時、○○する子ども」などのように記します。そして、取組の具体化として「そのために何をしたいか」「そのために何をするべきか」を思いつくままに書いていきます。

［子どもの実態把握］

始業式の日の子どもたちとの出会いから一か月くらいかけて、子どもたちの実態を把握していきます。この実態はできるだけ具体的なものがよいでしょう。例えば、「生活面から」「学習面から」「健康・運動面から」「生徒指導面から」というように子どもの様子を観察して書いていきます。また、「保護者の状況」も学級づくりに大きく影響するので、わかる範囲で書いていきます。

このような実態は、子どもたちを観察するだけでは見取ることができません。ここに「仕掛け」が生きてきます。例えば、「学習面」で作文力について実態を把握したい時は、実際に作

できるだけ具体的に子どもの実態を把握する

文を書かせてみます。「今日は、作文を書いてもらいます」と言った時の子どもたちの反応、実際に書いている時の様子、書いたものの出来映えなどから、その実態をつかむことができます。「友達関係」の実態を把握したい時は、一緒に遊ぶ場を設定するのです。その時の動きの中から子どもたちの実態が見えてきます。

このようにして得られた実態をもとに、「夢の経営案」を修正していきます。できないと判断したものは消していき、工夫の余地があると判断したものには改善点を書き加えていきます。

【学級経営具体案】

子どもたちの実態をもとに、五月の連休頃、学級経営具体案を書いていきます。先に書いた「夢の経営案」を具体化していきます。まずは、すべてを書きましょう。具体的に書くことがポイントです。「目指す子ども像に向かって」「教科面と生活面から」「保護者へのかかわり」などを、一一月頃の姿を予想して書きましょう。A４用紙一〇枚くらいになるはずです。

なぜ、そんなにも詳しいものを書くのでしょうか。

それは、書くことによって見えてくるものがあるからです。頭の中で考えてぼんやりとしていたものが、書き出すことによって、鮮明になっていきます。「子どもたちが本気に取り組む宿題を出す」ということも、具体的に書こうとすると、「子どもが本気になる時ってどういう時かな」「子どもを本気にさせる宿題はどういうものかな」「子どもが本気になるにはどういう力を育てたらよいのかな」など、様々なことを考える必要があります。

学級経営具体案を書く

5月の連休頃に
11月頃の姿を
予想して書く
頭の中で、ぼんやりして
いたものが、鮮明になる

第 8 章

変える

子どもというものは、多くの場合、行動のほとんどを自らの経験をもとに決めていきます。そのために、何の手立ても打たないと、例年どおりのことが繰り返されることになります。そこで、子どもたちの固定概念を崩したり、子どもたちの人間関係を見直させたりして、既成のものを変える必要があります。本章で取り上げたものは、「子どもの見方・考え方を変える」と「親の見方・考え方を変える」の二つです。

子どもの見方・考え方を変える

「自分に対する見方・考え方を変える」

「自分に対する見方・考え方を変える」とは、一人ひとりの子どもの「自己有用感」を育てることです。自己有用感とは「自分の属する集団の中で、自分がどれだけ大切な存在であるかということを自分自身で認識すること」だと言われています。

自己有用感を育てるには、まず、子どもたちの心の安定が必要です。そのために、保護者や地域の人々と情報を交流して子どものよい面を見つけるようにします。そして、子どものよい面を生かせる環境づくりに取り組んでいき、子どもたちにいろいろな体験をさせましょう。その成長の中で子どもががんばった姿を見せた時、「よくがんばったね」「君のおかげでいい取組ができたよ」というように、褒める、励ます、認めるなどの声かけをします。そのことによって、誰もがよさをもっていることを自覚させ、「自分にもいいところがあるんだ」「自分も学級のために何かできるんだ」という思いをふくらませていけるようになります。

よいところを自覚させていくことによって、子どもたちは自分に自信をもつようになります。それが、自分に対する見方・考え方を変えるきっかけになるのです。

「友達に対する見方・考え方を変える」

クラス替えがない学校では、六年間、同じ友達と同じクラスで過ごすことになります。これは、人間関係を育てる上で、プラスにもマイナスにも働く場合があります。学級づくりにもっともマイナスに働くのが、「序列の固定化」です。「どうせ、あいつには敵わないもんな…」「このクラスでは私が一番偉いのよ！」などというようなことが固定化してしまう場合が、往々にして見られます。このような考えが広がると、学級での人間関係づくりがとても難しくなります。

そこで、取り組みたいことが『逆転現象を起こす』ということです。「あの子は算数が苦手」と言われている子どもに算数の問題を解けるようにさせたり、「あの子は人前で話すのが苦手」と言われている子どもに学級会の司会をさせたりするのです。「〜できない」というレッテルを貼られている子どもは、自信をなくしています。そのような子どもに「できるようにさせる」ということは、かなりの労力を要します。しかし、それこそ教師が一番に取り組まなければいけないことだと考えていました。

学級に対する
見方・考え方を
変える
友達に対する
見方・考え方を
変える
自分に対する
見方・考え方を
変える

そのためには、前述しましたが、これまで表舞台に立ったことがない子どもたちにスポットライトを当てる「言い出しっぺ実行委員会システム」を使って学級をよりよくする活動に取り組ませることが有効です。

【学級に対する見方・考え方を変える】

子どもたちの中には、「学級は先生がつくるもの」と思っている子どもがいます。そうではなく、「自分たちの学級は自分たちでつくる」というように、考え方を転換させる必要があります。私は、学級をもったら必ず子どもたちに伝えることがありました。

「授業は先生がつくります。しかし、学級はあなたたちが自分たちの力でつくっていってください。先生は、そのための協力は惜しみません。それを実現できる時間が学級会なのです」。

そして、次のような取組を行います。

子どもたちの発想を大事にする

教育は意図的・計画的に行わなければいけないものです。このことは、教師主導型の教育を助長してしまうというデメリットをもっています。そのため、いつでも教師からの指示だけで取組を行っていくと、指示待ち型の子どもたちになってしまうことにつながります。そこで、子どもたちはどうやって学級をよりよくしたいと思っているのかを聞くよう心がけておきます。

例えば、学級活動（二）で給食の準備時間について考えさせたい時、「最近、給食の準備に時間がかかるようになっているという訴えがありました。どういう取組をしたらよいのか、みなさんのアイディアを募集します」という呼びかけを行い、子どもたちの考えを引き出すようにします。

話合いで物事を解決していく習慣をつける

話合い活動は時間がかかります。議題を決め、提案理由を考え、話合いの計画を立て、話合いを行い…という手順を踏んでいくことはもちろん、計画委員会の子どもたちを指導しながら進めていく必要があるからです。学級に問題が起きた場合、教師が先頭に立って解決したほうがよっぽど短時間で終わらせることができます。

しかし、それだと、子どもたちには「自分たちの力で学級をよりよくしていく」という経験をさせることが難しくなります。もちろん、すべての問題を話合いで解決することはできませんが、可能な限り話合いを通すことを心がけてほしいと思います。

常に協力し合うことを学ばせる

これは、集団でのよさを学ばせるということです。係活動や集会活動などはもちろん集団で取り組むことを前提として活動させます。「みんなで相談し合って」というスタンスを崩さないようにします。自己決定を目指す学級活動（二）でも、自己決定に至るまでに話合い活動を取り入れ、どういう解決方法があるかについての情報を交換させます。

協力し合うというのは、特別活動の場面だけではありません。教科の授業でも同様です。小集団学習を取り入れ、グループで考えさせることはもちろんですが、個別で考えた場合でもそれぞれの考えを発表し合うことで、「みんなで考え合って一つの問題が解けた」という経験になります。

親の見方・考え方を変える

親には担任の最もよい理解者になってもらうようにします。かといって、親の考え方を変えるというのは、なかなか難しいものです。５章「保護者を巻き込む」で紹介したように、最初の懇談会の時、保護者へのお願いとして、「子どもの前で担任の批判をしない」「子どものことで不安なことがあったら、まず連絡を」の二つを行います。そうしないと、子どもたちの状況は決してよくならないことを訴えるのです。後は、子どもを変えることに全力で取り組みます。

学習に進んで取り組む子どもを育てる

親の関心事の第一位は何と言っても「学習面」です。そのため、我が子が学習に進んで取り組むようになることが、担任のよき理解者になってもらう一番の近道です。そのために、授業では、子どもたちの知的好奇心を刺激し、学習への意欲をもち続けるよう工夫していきます。同時に、家庭学習に意欲的に取り組むよう、２章の「授業づくりを楽しむ」

で紹介したショート作文や自学メニュー集などの取組を行うようにします。

友達と協力し合える子どもを育てる

親の関心事の第二位は「友だちと仲よくやっているか」です。個人懇談で、「うちの子は学級でみんなと仲よくやっていますか」とよく聞かれたものです。集団活動を行っている場合、必ず「所属の欲求」というものが存在します。「みんなと一緒にいられるか」ということは、親も強い関心をもっていることなのです。そこで、前述したように、学級で友達と協力する楽しさを味わわせます。そして、家に帰った子どもが「今日はみんなで協力し合えたので楽しかった」と言えれば、もう大丈夫です。

進んでよりよい学級づくりに取り組む子どもを育てる

これは、集団活動への貢献度を表したものです。友達と仲よく協力するだけでなく、学級をよりよくしていくことに貢献しているというのは、親にとって嬉しい気持ちが倍増するようなものです。よりよい学級づくりに貢献しているということは、学級のみんなに「承認されている」ということになるのです。

このような姿が見られた場合、学級通信で知らせると同時に、個人的に連絡帳に書くか電話で連絡をするようにしましょう。

明るく前向きな子どもを育てる

いつも楽しんで学校に行ってくれる我が子を見て安心しない親はいません。学習面に意欲的になるだけでなく、生活面でも前向きに考えられるようにしていくことが大切だと考えます。

あるお母さんから、「『今日は少し熱があるから学校を休みなさい』と言った時、『今日は友達と集会のことを考える約束をしているから休まない』って言うんです。うちの子って、本当に学校が好きなんですね。ありがとうございます」と連絡を受けたことがあります。体調が悪い時には休んだほうがよいと思う反面、とても嬉しくなりました。

このような子どもを育てることで、親の考え方が変わってきます。子どもが変われば、親の考えは必ず変わってきます。そのために、学級での取組や子どもたちの様子などを親に知らせることを惜しまないようにしましょう。

第 9 章

示す

九つ目のポイントは「示す」ということです。子どもたちの自主性にまかせると言って何もしないのは「放任」です。子どもたちに進むべき道をきちんと示す必要があります。これは、父性としての役割です。

方向性を示す

子どもたちにぜひ身につけさせたいことは、きちんと示す必要があります。例えば、「楽しさとはどういう時に感じるものか」「仲間とはどういうものか」「やさしさとは何か」「学級はどうあるべきか」「友達とのつき合い方は」「学習の進め方は」などが主なものでしょう。学級づくりを進めていく上で、「これだけは押さえておきたい」というものをリストアップして示していきます。

示し方にもポイントがあります。例えば、「楽しさとは」を示すとしましょう。これを朝の会などの「先生の話」で語ってもだめです。つまずきながらもイベント活動をやり遂げた子どもがいたら、その時に、「楽しさとは、このように困難な道を乗り越えて達成した時に感じるものだよ」と体験をもとに示すようにするのです。他のことも同様で、どのような場面で子どもたちに語ることが、それを本当に伝えることになるのか、しっかりと考えていく必要があります。

自信をつけさせる方法を示す

「自信のなさ」は悪循環をもたらします。それに陥ると、なかなか抜け出すことができなくなります。「自信がないな」→「できないかもしれない」→「あっ、失敗した」→「やっぱりできない」→「自信がなくなった」…というような悪循環です。これを、できるだけ早く断ち切る必要があります。そのために、次のようなことに取り組みます。

【スモールステップで小さな目標にチャレンジさせる】

自信をつけるためには、何と言っても成功体験を積み上げていくのが有効であることは、誰もが知っていることです。課題にチャレンジして、その課題を達成し、次の課題へ進む。それは理想の姿ですが、現実的にはなかなか上手くいきません。特に、最近は、失敗することを怖がる（嫌う）子どもたちが増えてきました。失敗して落ち込んだ時、どうやって立ち直っていくのか、その術を知らないからかもしれません。

しかし、子どもたちの本能として、「ちょっと手を伸ばせば達成できそうな課題についてはチャレンジしようとする」という傾向があります。そこで、子どもたちの実態をしっかりと見取り、少し手を伸ばせば達成できる目標を少しずつ設定し、それを達成させていきましょう。それらを繰り返し、自信をつけさせていくのです。

【三つの禁句、3D「でも、どうせ、だって」を設定する】

この三つの言葉は、プラス思考と正反対の雰囲気をつくり出してしまう言葉です。「でも」は「自己弁護」を表す言葉で、「どうせ」は「自己否定」。そして、「だって」は「責任転嫁」を表す言葉だと言われています。まさにマイナス思考の最たるものです。これらの言葉は、自分の失敗を何とか誤魔化したいという思いから生まれてくるものです。

　そこで、これらの言葉を禁句とします。ただ、「これらの言葉を使ってはいけない」とするだけでは、何の解決にもなりません。禁句としながら、まず、自分の失敗を認めることの大切さを教えます。そのために、6章で紹介したように「失敗したということは、その部分を工夫・改善すれば、次の実践がうまくいくということだととらえ、うまくなる機会を与えてもらったというように考える」ことを教えていく必要があります。そして失敗のつなぎ方を教えていくのです。
　また、教師の側も次の三つの言葉を禁句としていきます。

○「いくら言ってもダメだね」
↓　これは、存在を否定するもの。

《子どもの３つの禁句》　**《教師の３つの禁句》**

どうせ…
でも…
だって…
いくら言ってもダメだね…
そんなことじゃ…になれないぞ
何回話したらわかるんだ！

○「何回話したらわかるんだ」→これは、能力を否定するもの。
○「そんなことじゃ○年生になれないぞ」→これは希望を否定するもの。

【成功体験、役割体験、貢献体験の三つの体験を味わわせる】

学習活動では、どうしても「わかる・できる」という振り返りにつながる成功体験が重視されがちです。しかし、それだけでは不十分です。そこに、役割体験や貢献体験を位置づけます。

例えば、授業中に間違った意見を出した子どもがいたら、それをきっかけにみんなで考える場をつくっていきます。そして、その子どもに対して、「あなたの意見は間違っていたけど、そのおかげでみんなでいろいろと考えることができたよ」というように声をかけます。

このように、「うまくなる・自信をもつ・達成する・支え合う・認め合う・役立つ」という振り返りにつないでいきます。そのことで、子どもたちに自信をつけさせていくのです。

ものの善し悪しを示す

子どもたちは、褒められたり、叱られたりすることで学ぶ場合が多くあります。やたらと褒めればよいか、と言えばそうではありません。「褒める・叱る」にもそれぞれのポイントがあります。若い頃、田中雄氏の著書で学んだポイントを参考にして取り組んできたことを紹介します。

【褒める】

まず、褒めるポイントは次のとおりです。

①小さいことでもすすんで褒める

教師は、子どもに対しての要求がだんだんと高くなり、「このくらいはできて当たり前」と思うことが多いと言われます。そこで、私は、学級目標の達成を子どもたちに要求していたので、それに関することであれば、どんな小さなことも褒めるようにしてきました。

②タイミングよく素早い反応で褒める

褒める時、機会を逸しないようにしたいと心がけていました。係活動の時間、話合い、給食の準備中などに少しでも目に止まったものがあれば、その場ですぐ褒めるようにしました。自分が気持ちよく感じたことを素直に褒めることが大切です。

③言葉を惜しまないで、何度でも褒める

授業中にがんばっている姿を見つけたら、まずその場で個人的に褒めます。そして、授業の終わりに学級全体に広げて褒めます。そして、必要に応じて家庭にも連絡して褒めてもらいます。褒められることは何度あっても嬉しいものです。特に、問題を抱えている子どもや無気力な子どもは様々なことに自信をもてないでいる場合が多くあります。そういう子どもに対して「褒め続ける」ことが大切です。

④事実を具体的に褒める

「よくやったね」「がんばっているね」という声かけをよくすることがあります。私はその際、具体的な事実を添えて褒めるようにしました。「さっきのあなたの発言はよかったね。みんなの気持ちがぐっと一つになったよ」「隅々までよく気をつけて掃除をしてくれていましたね」という声かけが、「先生は自分のことをよく見てくれている」という信頼感につながっていきます。

⑤成果だけでなく過程や努力も見逃さないで、ねぎらいの言葉をかける

「結果よければすべてよし」という言葉がありますが、結果がよくなくてもその過程には、それぞれの子どもの努力や工夫があるものです。子どもの活動の過程をよく観察しておき、「あなたのあの工夫は次の集会の時にも役に立ちそうだね」というように声かけをします。

⑥次の課題や改善点を見出しながら褒める

「この問題が解けたのは素晴らしいね。これまでの問題と解き方を比べて考えたのがよかったね。その考え方で、次の問題にもチャレンジしてみよう」というように、褒める時に、次に生かすことができるポイントを入れるようにします。自分のよさがわからないまま授業が進んでいる場合が意外と多いものです。そこを明らかにしてあげるということも、褒めるポイントになります。

⑦言葉だけでなく、スキンシップ（握手など）と共に褒める

言葉で褒めることは大事なことです。そこに身体全体で褒めるようにすると、その思いが子どもには強く伝わります。低学年の場合には頭をなでてあげたり、高学年であれば握手をしたり肩をたたいてあげたりしていました。もちろん、褒める身体表現の基本は「笑顔」であることは忘れないようにします。

⑧スポットライトを当て、目立たない子どもを取り上げて褒める

4章「自尊感情を育てる」で紹介したように、目立たない子どもというのは、これまで成功体験もあまりなく、自分に自信をもてないでいる場合が多くありま す。そこで、そういう子どものよさを教師が見つけ、みんなの前に映し出してあげます。

⑨悪いことの中にもよいところを見つけ褒める

何度注意されても同じ失敗を繰り返す子どもがいます。悪いということがわかっていながらそれをやってしまう子どももいます。そういう時、悪いところを注意するのはもちろんですが、「その中にきっとよいこ

スキンシップと共に褒める

ちゃんと
給食食べれて
すごいね
やったよ
すごい！

とがあるはず」という見方で接します。それを見つけて褒めるようにします。

以前、自分に気に入らないことがあるとすぐに暴れ出す子どもがいました。それまですぐ友達に手を出していたその子が、手を出さなかったことがありました。その子をクールダウンさせた後に「今日も気に入らないことがあったんだね。でも、今日は君が友達に手を出さなかったのがすごいと思ったよ」というように声をかけました。その日以来、暴れることはありましたが、友達に手を出すことはなくなりました。子どもに「先生は君のことを見ているよ」というメッセージを送ることが大事なのです。

⑩価値ある行動を認めて褒める

子どもが学校で生活する中で、価値ある行動が見られる時があります。この時、その行動を認めるという褒め方をすることによって、その価値に子どもたちが気づくという効果があります。「先生、助かったよ」「○○さんのおかげで…」というように褒めることによって、そのことが、社会的に意味があることを認めてあげることです。

残念ながら、「褒めすぎると図に乗るんじゃないか」「褒めるとお世辞の区別がつかない」「褒めることが照れくさい」というようなことを聞いたことがあります。減点主義の考え方が身に付いてしまっていると、そうなってしまいます。そういう考えから脱却し、よい「褒め方」ができるようにしていきたいものです。

【叱る】

続いて、叱るポイントについて紹介します。

①「許す心」で叱る

「絶対に許さないぞ」という思いで叱ると、どうしても感情的になります。そうなってしまうと子どもの心に響くことはありません。社会一般には、法律や規則のように善か悪かを明確にしていくところがありますが、学校では「この子は必ずよくなる」という思いをもって子どもに接していきたいと思っていました。

②自分の指導不足だったことを認める心で叱る

「ちゃんと教えただろうが！」と語気を荒くして叱ることがあります。しかし、子どもの失敗の裏には、教師の「自分の指導不足があったのかも…」という内省の心が必要ではないでしょうか。「『ちゃんと指導していました』という言い訳ほど空しいものはない」と以前、先輩に教えてもらったことが、今でも私の心に残っています。

③叱る場面を決めておく

叱られる時、子どもは「なぜ、叱られるのだろう」と納得できないことがあります。これは、教師が自分の感情のままに叱った時によく起こることです。そこで、子どもたちに叱る場面を宣言するようにしておきます。

○やさしさを忘れた時…いじめや差別を許さない（心の安定）。
○命を大切にしない時…無意識にも気を配る（安全の確保）。
○努力をしない時…同じ過ちを繰り返さない（前向きの姿勢）。

④タイミングと場に精一杯の心づかいをして叱る

叱るべきことは、「直ちにその場で」というのが原則ですが、子どもによってはその状況によって、場所を変えるなどの配慮をしないといけないことがあります。叱るタイミングや叱る場というものには細心の配慮を心がけましょう。

⑤人前でなく一対一で叱る

叱る目的は、その子どもの行為をやめさせるのと同時に、今後、その行為を続けないよう努力していくように心を動かすことです。

そのため、子どもの自尊心をつぶさないようにします。人前で叱られることは「恥をかかされた」「メンツをつぶされた」という思いを生み出す場合が多くあります。そこで、子どもと一対一で誠意をもって話を聞き、必要に応じて叱るくらいのゆとりをもちたいものです。

⑥事実を確認し、その事実だけを叱る

教師が、その事実を確かめないで、子どもの先入観だけで叱ることはありませんか。「やっぱりお前か」「お前というやつはどうしようもないな」などと、子どもの人格を否定することにもなってしまいがちです。そうならないために、きちんと事実を確認し、叱ることが大切です。

⑦心に染み入る温かい言葉を考えて叱る

人前でなく1対1で叱る

「やっぱりお前はダメだな」「何回言ってもできないな」こういう叱り言葉は、子どもの心に入っていきません。「あなたらしくなかったね」「君はもうしないと信じていたんだけど…」というように、子どもの存在を認めている言葉を入れて叱るようにします。

⑧叱るべき時に叱ることをためらわない

叱る場面を避けてしまうことがあります。その子どもとの人間関係が壊れることを恐れた結果です。しかし叱っただけで壊れるような人間関係はつくりたくないものです。「人には温かく、規則には厳しく」をモットーにしていく必要があるのではないでしょうか。叱る場合には毅然とした態度で臨むことが大切です。

⑨公平な態度で相手の言い分も聞いて叱る

子どもには、叱りやすい子、叱りにくい子がいます。例えば、いつも悪いことをする子は叱りやすく、気難しい子や成績のよい子は叱りにくいということを聞いたことがあります。これは、他の子どもにとって教師への不信感につながっていくものです。そうではなく、子どもの言い分をまず心を静めて聞き、受け止めてあげることが大事です。そして事実に基づいて反省させるよう叱るようにします。

⑩過去にこじつけないで、将来のために叱る

「あの時も同じことをしたな」というように、いつまでも過去にこじつけて叱ることのないようにしたいものです。もちろん過去を振り返らせることも大事な時があります。しかし、大事なことは今起こっている過ちの重大さに気づかせることです。叱る中に、これからどうしたよいかという将来につながる言葉かけをしていきたいものです。

「叱る」ということは、子どもたちの心の安定と安全の保障とならなければならないのです。そのため、教師の感情に流されないようにしなければなりません。「この子は絶対によくなる」という思いを常にもち続けていきたいものです。

第 10 章

認める

子どもたちが意欲を高めるのは、「自分は認められている」と自覚した時です。これは母性としての役割でもあります。9章の「示す」とのバランスを考えながら、「認める」ことによって、子どもたちとの信頼関係を構築していくことができます。

子どもの声（願い）を聞く

「認める」ための第一歩として、子どもたちの声を聞くことが大切です。例えば、休み時間に話しかけてくる子どもがいます。また、教室の中で教師の注意をひくように目立つ行為をする子どももいます。いずれも子どものサインです。何かを訴えたいと思っているのです。それを見逃してはいけません。

そういう子どもがいたら、すかさず話しかけるようにします。はじめは、たわいもない話題で十分です。

子どものサインを見逃さない

そこから、その子どもの心に寄り添うように話をもっていきます。そこには、子どもたちへの絶対の信頼感が必要です。そうすることで、子どもの安心感につながるからです。

信じてまかせる

学級内に自主的な活動を促す雰囲気をつくるためには、子どもたちが考える様々な活動を実施することが大切です。そのような子どもたちが考えた企画物について、実行委員会を設置して、できるだけ子どもたちにまかせるようにします。そのような企画に慣れていない時期には、教師がしっかりとかかわりながら進めていきます。

そして、子どもたちに「自分たちでできた」という達成感を味わわせるようにします。「どのあたりで子どもたちに委ねるのか」「子どもたちにどのような声かけをするのか」など、子どもたちと先生の人間関係や信頼関係によって違いがあるので、簡単に説明できないところもありますが、子どもたちの様子をしっかりととらえながら進めていくようにしましょう。

子どもたちは、教師に信じられていると認識した時には、予想以上の力を発揮します。ある教え子からは、次のような言葉をもらいました。

「先生が私たちを信じて、いろいろなことをまかせてくださったことが一番の思い出です。私たちの主体性を尊重してくださったおかげで、コミュニケーション力、企画力、協調性など、様々な面で成長することができました」。

よさを認める

「よさを生かして…」という言葉を聞きます。私自身も、子どもたちが「よさを生かして活動する」ことを支援して学級づくりに取り組んできました。しかし、そこには、「子どもたち一人ひとりによさがある」「子どもたちは、そのよさを生かしたがっている」という考えがありました。

そんな時、B児に出会いました。B児は、いつも忘れ物をする、宿題はやってこない、授業中は遊んでばかり…という子どもでした。注意してもまったく聞いてくれず、私は「B児によさはない」と思うようになってしまいました。「どんな子どもにもよさがある」と思いたい反面、「よさがない子どももいるのではないか」と。そして、「子どもがよさを生かして活動するとはどういうことだろう?」と考えるようになりました。そう思っていたある時、上越教育大学の橋本定男先生から次のように教わりました。

子どもは、教師の着目や意図を意識して、それに応えようとして「よさを発揮している」わけではない。子どもは子どもの思いで動いてよさを発揮していくのである。子どもはのびのびと自分たちの筋書きによって主役を演じていく。それでいて実は、教師による筋書きも描かれている。

つまり、子どもがよさを生かして活動するためには、その子のよさを生かすという教師の明確な意図が必要であるということです。目から鱗が落ちた瞬間でした。そして、次の三つの仕掛けが必要だ言われました。

①子どもが自覚している「よさ」に着目し、それが発揮されることをねらう仕掛け

②その子の「よさ」の自覚を促し、それが発揮されることをねらう仕掛け

③このような「よさ」を育てたいと意図し、それが培われ、発揮されるようになることをねらう仕掛け

それから、次のように取り組んでみるようにしました。

①子どもが自覚している「よさ」に着目し、それが発揮されることをねらう仕掛け

C児は、算数が得意で、どういう問題もさっさと解いてしまうような子どもでした。授業中に指名すると、自分の考え方をみんなにわかるように説明します。また、人に教えることが好きで、グループ学習などでは、早く問題を解くと、班の友達にわかりやすく教えている姿が見られます。

C児は、そのように、人に教えるのが好きで、そのことを自分のよさだととらえていました。そこで、そのよさを発揮させるために、算数の時間に、ミニ先生という役をC児に与え、質問に来た友達に教えてあげる場をつくりました。

②その子の「よさ」の自覚を促し、それが発揮されることをねらう仕掛け

D児は、やや暴力的なところがあり、みんなと少し距離をおいている子どもでした。D児は、時折、みんなの前でふざけたようなことをして、みんなを笑わせることを楽しんでいました。D児は、そのことをよさととらえていないところがありました。そこで、そのよさを発揮させるために、D児に働きかけ、「お笑い係」を発足させました。

D児は、給食の時間などに、「ワンポイントギャグコーナー」というものをつくり、みんなの前でギャグを言うという活動を行うようになりました。そのうち、寸劇をするようになりました。その活動が、いつしかみんなに認められて、メンバーも増え、それがきっかけとなって、「劇をする」という係を発足させ、発表会を行うまでに成長しました。その頃には、D児が暴力をふるうことはほとんどなくなっていました。

③このような「よさ」を育てたいと意図し、それが培われ、発揮されるようになることをねらう仕掛け

E児は、特にこれといった取り柄もなく、何事にも消極的な女の子でした。学級内でも友達が多いわけではありません。E児の母親からは、「家庭ではとても優しく、家のこと

は進んでできる」ということを聞いていました。そこで、そのことを学級でも生かしたいと思いました。

二学期に、全校集会で各学級がお店を出す活動があった時のことです。私の学級で出すことになったお店での役割を決める話合いをした時、E児には家庭でやっているように取り組ませたいと考え、彼女に「ウェイトレス係」をやらないかと投げかけました。本人は、「恥ずかしい」と言って最初は断っていたのですが、同じ役に仲のよい友達がいたことで、やってくれることになりました。集会までに、係ごとの打ち合わせなども行い、集会当日、きちんとその役をやり遂げました。

その日以来、友達と一緒に活動することに積極的になっていき、三学期には、自分から「卒業実行委員会」に立候補するようになりました。

このような取組をやっていくうちに、子どものよさを発揮させようとするためには、まず、子どもをしっかりととらえ、その子のもっているどういう部分を「よさ」として学級に広げていくかを教師自身が考える必要があるということがわかってきました。そのことによって、子どもが自覚している「よさ」に着目することもできるし、その子の「よさ」

の自覚を促すこともできるようになります。また、子ども自身が気づいていない「よさ」を育てたいと意図することができるようになります。

そのような意図をもって子どもにかかわっていくと、子どもが自分の考えで動いている時、その動きの中に子どものよさを見つけることができるとわかりました。それらを教師や友達が認めることによって、よさが自覚され、そのよさを生かした活動というものが生まれるのです。

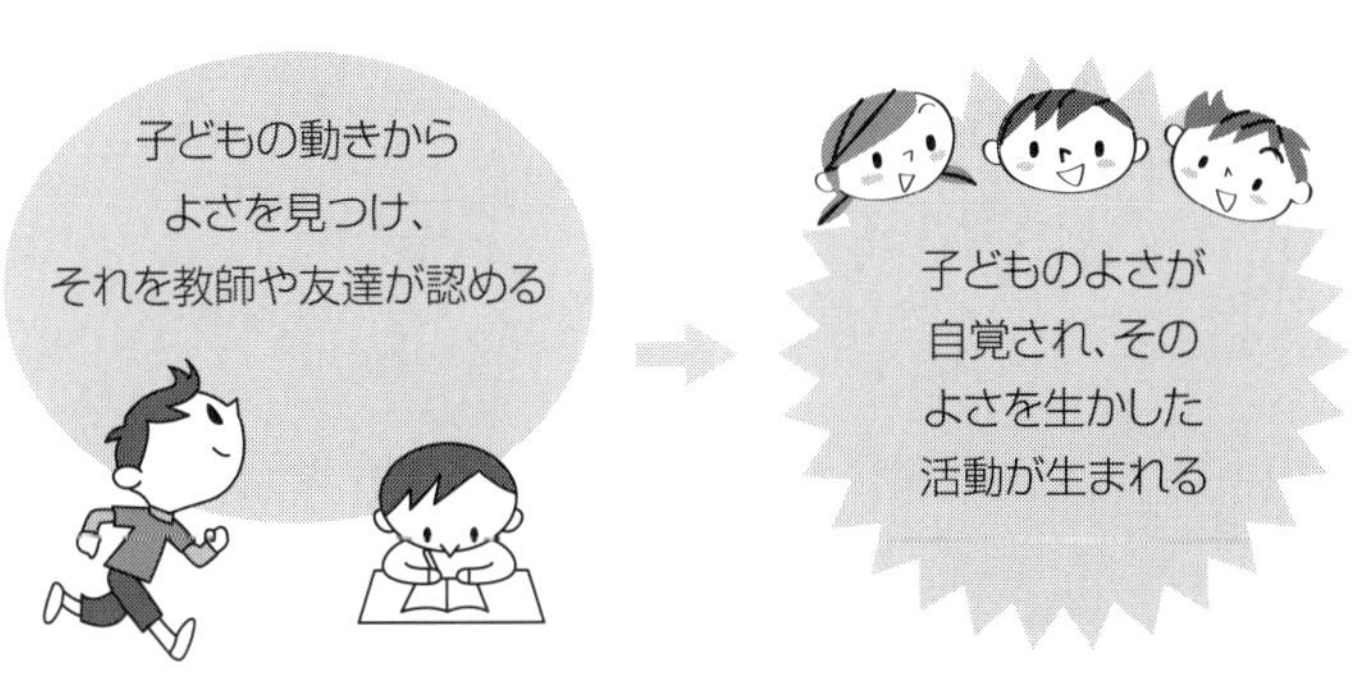
子どもの動きから
よさを見つけ、
それを教師や友達が認める
子どものよさが
自覚され、その
よさを生かした
活動が生まれる

おわりに

社会の状況が大きく変わり、子どもたちや親の価値観が多様化してきた現代において、全員が一つの目標を目指して進んでいくという取組が難しくなってきています。しかし、人間は社会的な動物だと言われているように、人と人とのかかわりの中でしか生きていけないのです。

そのために、社会の縮図と言われる学校社会の中で、どのように人とかかわり、みんなで協力し合って何かを達成していくという経験を積ませておかないと、それこそ個々ばらばらの考えをもった、個の世界だけ生きる人間を育ててしまうことになりかねません。個を育てつつも、集団として活動できる、つまり我々の世界でも生きていける人間を育てていかなければいけないのです。

このたび、私が担任時代に取り組んできた学級づくりについて、10章に分類してまとめてみました。それらを改めて振り返ってみると、その根底には、次の三つのことが見えてきました。

①明確な目標をもって取り組むこと

どのような取組をしようと、目指すものとして「学級目標の達成」を意識することが必要だということです。何のためにその取組を行うのか、教師自身がしっかりと意識することが大切だと感じました。

②関係者のコミュニケーションを大事にすること

子ども同士、子どもと教師、教師と保護者…、学級づくりにかかわる者がお互いにコミュニケーションをとれるようにしておくことは、学級づくりを成功させるために不可欠であるということです。学級づくりというものは、人と人とのかかわり合いの上に成り立つものですから、そこにコミュニケーションが存在しないと決してうまくいかないものだと感じました。

子どもというものは、自分が信じられている、まかせられているということを自覚した時に、大きな力を発揮することができるということです。もちろん、そのために必要な力を育てていくということは大事なことです。そして、子どもたちの発達段階に応じた仕掛けを施すことによって、学級づくりはまちがいなく成功の方向に動いていきます。

*

私は、教師になって今日までの三一年間、多くの人と出会い、教育に対する考え方を教えていただきました。「私の教育に影響を与えた人」を数えてみると、なんと四八人にもなりました。文部科学省教科調査官の杉田洋先生をはじめ、國學院大學の宮川八岐先生や新富康央先生、横浜教師塾の松永昌幸先生、上越教育大学の橋本定男先生、北九州教育委員会の大庭正美先生などです。また、著名な先生方だけでなく。多くの校長先生やサークルの仲間や特別活動を愛する全国の実践家の方々が私の教育に影響を与えてくれました。本当に素晴らしい出会いの連続であったと言えます。また、今回の実践の元になるものをまとめるきっかけを与えてくれたのは、神戸の多賀一郎先生でした。このような出会いは、偶然的なものばかりではなく、必然的な出会いが多かったようにも思います。

③子どもの力を信じること

人は多くの出会いを繰り返しながら生きていますが、大切なことは、その「出会い」をどう生かすかがポイントではないかと思っています。生かすことができないと、ただのすれ違いということになってしまうのです。また、「出会い」とは実に偶然なものだと思われていますが、こうやって振り返ってみると、偶然ではない出会いも数多くあることに気づきます。つまり「必然的な出会い」です。例えば、「ノーサイド」というサークルに参加したこと、個集研という研究団体に入会したこと、私立学校の先生方とクロスオーバーで勉強させてもらったこと、学級活動ネットワークにかかわったことなどがそうです。自ら求める気持ちをもって人とかかわることの素晴らしさを今まさに感じているところです。また、これまでに担任をさせてもらった多くの子どもたちも、私にたくさんのことを教えてくれました。

最後になりましたが、私の一方的な企画を真剣に検討いただき、書籍にしていただいた東洋館出版社の近藤智昭氏をはじめ、編集部の方々に感謝の意を示し、終わりにしたいと思います。

［著者略歴］
椙田崇晴（すぎた・たかはる）
山口県岩国市立小瀬小学校校長
1959年福岡県生まれ。福岡県で9年間教職に就いた後、山口県で教職に就く。2年目から特別活動の実践に取り組み、現在に至る。1994年に広島で開催された「学級活動ネットワーク」に参加以来、その実行委員として活動する。1999年には、「中国学級活動ネットワーク」の設立メンバーの1人として、中国地方の特別活動の活性化に携わる。また、2005年には、「山口学級活動ネットワーク」を設立し、4名の仲間とともに年3回の学習会を行い、特別活動の普及活動に取り組んでいる。

子どもたちが笑顔になる
「驚き!」の学級づくり

2013（平成25）年 3月1日 初版第1刷発行

著　者　椙田崇晴
発行者　錦織圭之介
発行所　株式会社 東洋館出版社
〒113-0021 東京都文京区本駒込5-16-7
営業部　電話 03-3823-9206／FAX 03-3823-9208
編集部　電話 03-3823-9207／FAX 03-3823-9209
振替　00180-7-96823
URL http://www.toyokan.co.jp
装　幀　水戸部 功
イラスト　オセロ
印刷・製本　藤原印刷株式会社

ISBN978-4-491-02910-8 Printed in Japan